Promesas de Dios para Cada Día

Promesas de la Biblia para guiarte en tu necesidad

Diana Baker

Copyright © 2016 Diana Baker

Copyright © 2016 Editorial Imagen.
Córdoba, Argentina

Editorialimagen.com
All rights reserved.

Todos los derechos reservados. Ninguna parte de este libro puede ser reproducida por cualquier medio (incluido electrónico, mecánico u otro, como ser fotocopia, grabación o cualquier sistema de almacenamiento o reproducción de información) sin el permiso escrito del autor, a excepción de porciones breves citadas con fines de revisión.

Todas las referencias bíblicas son de la Santa Biblia, versión Nueva Traducción Viviente, © Tyndale House Foundation, 2010. Usado con permiso de Tyndale House Publishers, Inc., 351 Executive Dr., Carol Stream, IL 60188, Estados Unidos de América. Todos los derechos reservados. Usada con permiso.

CATEGORÍA: Vida Cristiana/Inspiración

Impreso en los Estados Unidos de América

ISBN-13:
ISBN-10:

ÍNDICE

INTRODUCCIÓN 1

PROMESAS DE DIOS PARA TI 3

    Abatimiento 5

    Abnegación 6

    Alegría 7

    Alimento y Vestimenta 7

    Amor 8

    Amar a Dios 10

    Amor Fraternal 11

    Anhelo 12

    Ánimo 13

    Ansiedad 14

    Arrepentimiento 15

    Ayuda en Dificultades 16

    Bendición 18

    Buscar a Dios 19

    Calumnia 20

    Caridad 22

    Celos 24

    Cielo 26

    Codicia 27

    Comunión 30

    Confianza 31

Confusión	32
Consuelo	33
Corrección de Dios	35
Crecer en la Fe	36
Crecer en la Gracia	37
Creer	38
Cuidado de Dios	39
Culpa	41
Debilidad	42
Depresión	43
Desesperanza	45
Desilusión	46
Desobediencia	47
Dinero	48
Disciplina	50
Duda	51
Duelo	52
Enemigos	53
Enfermedad	55
Enojo	57
Esperanza	60
Espíritu Santo	61
Romanos 14:17	62
Excelencia	62
Éxito	63
Familia	65
Fe	66
Fidelidad de Dios	68

Fracaso *69*

Frustración *70*

Fruto *72*

Fuerza *72*

Gozo *73*

Guía *76*

Hijos *77*

Hijos – sus obligaciones *78*

Honestidad *80*

Hospitalidad *81*

Humildad *82*

Incertidumbre *83*

Inseguridad *84*

Larga Vida *85*

Libre de Pecado *87*

Mansedumbre *88*

Matrimonio *89*

Mentira *91*

Misericordia *92*

Muerte *93*

Necesidad *94*

Negligencia *95*

Obediencia *96*

Opresión *99*

Oración *100*

Orgullo *102*

Paciencia *103*

Impaciencia *104*

Padres – sus obligaciones	105
Palabra de Dios	106
Paz	108
Pecado Sexual	109
Perdón	111
Pereza	112
Persecución	114
Pobreza	115
Protección de Dios	116
Provisión	117
Recompensa	118
Rectitud	119
Redención	120
Sabiduría	121
Salvación	122
Santidad	124
Servicio	125
Soledad	126
Sufrir	127
Temor	128
Tentación	131
Valor	132
Vergüenza	133
Vida Eterna	135
Más libros de la Autora	**141**
Más libros de Interés	**143**

INTRODUCCIÓN

"Así que el Señor esperará a que ustedes acudan a él para mostrarles su amor y su compasión. Pues el Señor es un Dios fiel. Benditos son los que esperan su ayuda... ya no llorarás más. Él será compasivo si le pides ayuda; sin ninguna duda, él responderá a los clamores."

Isaías 30:18, 19

El Señor está siempre esperando la oportunidad de mostrar a Sus hijos Su infinito amor. Así como los niños muestran ansiedad en feliz anticipación cuando se acerca la fecha de su cumpleaños o la navidad, atentos a que llegue ese momento tan especial para recibir muchos regalos, de esa manera imagino a Papá Dios ansioso de entregar todos Sus regalos y bendiciones a Sus hijos. Puedo imaginar Su gran sonrisa e impaciencia porque llegue el momento de derramar Su gran bondad al que tanto ama: ¡nosotros! Sí, ¡nosotros le damos a Dios el máximo placer!

Nuestro Padre es un Dios de Amor y no retiene ningún bien, mas bien se goza en dar todo y más de lo que se espera. En Su Palabra encontramos los regalos y bendiciones que nuestro Padre tiene para nosotros.

Este libro te ayudará a conocerlos (o descubrirlos nuevamente) para que puedas estar siempre agradecido.

También te ayudará a conocer lo que Dios espera de nosotros como hijos Suyos.

Y si te encuentras en una situación apremiante, permite que Sus promesas te alienten para seguir creyendo en fe que nada es imposible para nuestro Dios fiel.

No hay nada mejor que estar arropado en el abrazo del Señor y Su bondad. Conoce ahora Sus promesas para ti y así seas resguardado o amparado en Su amor eterno.

PROMESAS DE DIOS PARA TI

Abatimiento

¡Oh Señor, eres tan bueno, estás tan dispuesto a perdonar, tan lleno de amor inagotable para los que piden tu ayuda! *Salmo 86:5*

Todas tus obras te agradecerán, Señor, y tus fieles seguidores te darán alabanza. *Salmo 145:10*

Les responderé antes que me llamen. Cuando aún estén hablando de lo que necesiten, ¡me adelantaré y responderé a sus oraciones! *Isaías 65:24*

Les daré un corazón que me reconozca como el Señor. Ellos serán mi pueblo y yo seré su Dios, porque se volverán a mí de todo corazón. *Jeremías 24:7*

Si me buscan de todo corazón, podrán encontrarme. *Jeremías 29:13*

Pídeme y te daré a conocer secretos sorprendentes que no conoces acerca de lo que está por venir. *Jeremías 33:3*

Oh Dios mío, inclínate y escúchame. Abre tus ojos y mira nuestra desesperación. Mira cómo tu ciudad —la ciudad que lleva tu nombre— está en ruinas. Esto rogamos, no porque merezcamos tu ayuda, sino debido a tu misericordia. *Daniel 9:18*

El Espíritu Santo nos ayuda en nuestra debilidad. Por ejemplo, nosotros no sabemos qué quiere Dios que le pidamos en oración, pero el Espíritu Santo ora por nosotros con gemidos que no pueden expresarse con palabras. Y el Padre, quien conoce cada corazón, sabe lo que el Espíritu dice, porque el Espíritu intercede por nosotros, los creyentes, en armonía con la voluntad de Dios. *Romanos 8:26, 27*

Nuestro Sumo Sacerdote comprende nuestras debilidades, porque enfrentó todas y cada una de las pruebas que enfrentamos nosotros, sin embargo, él nunca pecó. Así que acerquémonos con toda confianza al trono de la gracia de nuestro Dios. Allí recibiremos su misericordia y encontraremos la gracia que nos ayudará cuando más la necesitemos. *Hebrews 4:15, 16*

Acérquense a Dios, y Dios se acercará a ustedes. Lávense las manos, pecadores; purifiquen su corazón, porque su lealtad está dividida entre Dios y el mundo. *Santiago 4:8*

Abnegación

Pero yo digo: no resistas a la persona mala. Si alguien te da una bofetada en la mejilla derecha, ofrécele también la otra mejilla. Si te demandan ante el tribunal y te quitan la camisa, dales también tu abrigo. Si un soldado te exige que lleves su equipo por un kilómetro, llévalo dos. *Mateo 5:39-41*

Jesús dijo a sus discípulos: Si alguno de ustedes quiere ser mi seguidor, tiene que abandonar su manera egoísta de vivir, tomar su cruz y seguirme. Si tratas de aferrarte a la vida, la perderás, pero si entregas tu vida por mi causa, la salvarás. ¿Y qué beneficio obtienes si ganas el mundo entero pero pierdes tu propia alma? ¿Hay algo que valga más que tu alma? *Mateo 16:24-26*

Así es, respondió Jesús, y les aseguro que todo el que haya dejado casa o esposa o hermanos o padres o hijos por causa del reino de Dios recibirá mucho más en esta vida y tendrá la vida eterna en el mundo que vendrá. *Lucas 18:29, 30*

Por lo tanto, amados hermanos, no están obligados a hacer lo que su naturaleza pecaminosa los incita a hacer; pues, si viven obedeciéndola, morirán; pero si mediante el poder del Espíritu hacen morir las acciones de la naturaleza pecaminosa, vivirán. *Romanos 8:12, 13*

Los que pertenecen a Cristo Jesús han clavado en la cruz las pasiones y los deseos de la naturaleza pecaminosa y los han crucificado allí. *Gálatas 5:24*

La gracia de Dios ya ha sido revelada, la cual trae salvación a todas las personas. Y se nos instruye a que nos apartemos de la vida mundana y de los placeres pecaminosos. En este mundo maligno, debemos vivir con sabiduría, justicia y devoción a Dios. *Tito 2:11, 12*

Alegría

La paz en el corazón da salud al cuerpo. *Proverbios 14:30*

Para el abatido, cada día acarrea dificultades; para el de corazón feliz, la vida es un banquete continuo. *Proverbios 15:15*

El corazón alegre es una buena medicina, pero el espíritu quebrantado consume las fuerzas. *Proverbios 17:22*

No envidies a los pecadores, en cambio, teme siempre al Señor. Si lo haces, serás recompensado; tu esperanza no se frustrará. *Proverbios 23:17, 18*

No amen el dinero; estén contentos con lo que tienen, pues Dios ha dicho: Nunca te fallaré. Jamás te abandonaré. *Hebreos 13:5*

La verdadera sumisión a Dios es una gran riqueza en sí misma cuando uno está contento con lo que tiene. *1 Timoteo 6:6*

Alimento y Vestimenta

Volverán a tener toda la comida que deseen y alabarán al Señor su Dios, que hace esos milagros para ustedes. Nunca más mi pueblo será avergonzado. *Joel 2:26*

Da alimento a los que le temen; siempre recuerda su pacto. *Salmo 111:5*

Bendeciré a esta ciudad y la haré próspera; saciaré a sus pobres con alimento. *Salmo 132:15*

Envía paz por toda tu nación y te sacia el hambre con el mejor trigo. *Salmo 147:14*

Los justos comen hasta quedar bien satisfechos, pero el estómago de los perversos quedará vacío. *Proverbios 13:25*

Así que no se preocupen por todo eso diciendo: "¿Qué comeremos?, ¿qué beberemos?, ¿qué ropa nos pondremos?" Esas cosas dominan el pensamiento de los incrédulos, pero su Padre celestial ya conoce todas sus necesidades. *Mateo 6:31, 32*

Amor

Te amará y te bendecirá y te dará muchos hijos. Hará fértil a tu tierra y a tus animales. Cuando llegues a la tierra que juró dar a tus antepasados, tendrás numerosas cosechas de granos, vino nuevo y aceite de oliva, y también grandes manadas de ganado, ovejas y cabras. *Deuteronomio 7:13*

De algo pueden estar seguros: el Señor ha separado para sí a los justos; el Señor me responderá cuando lo llame. *Salmo 4:3*

Mi Dios enviará su amor inagotable y su fidelidad. *Salmo 57:3*

Pero jamás dejaré de amarlo ni de cumplir la promesa que le hice. *Salmo 89:33*

El Señor abre los ojos de los ciegos. El Señor levanta a los agobiados. El Señor ama a los justos. El Señor detesta el camino de los perversos. *Salmo 146:8*

(El Señor) ama a quienes siguen la justicia. *Proverbios 15:9*

No tengas miedo, porque he pagado tu rescate; te he llamado por tu nombre; eres mío. *Isaías 43:1*

Mi fiel amor por ti permanecerá; mi pacto de bendición nunca será roto, dice el Señor, que tiene misericordia de ti. *Isaías 54:10*

Tus hijos se dedicarán a ti, oh Jerusalén, como un joven se dedica a su esposa. Entonces Dios se regocijará por ti como el esposo se regocija por su esposa. *Isaías 62:5*

Yo te he amado, pueblo mío, con un amor eterno. Con amor inagotable te acerqué a mí. Yo te reedificaré, mi virgen Israel. Volverás a ser feliz y con alegría danzarás con las panderetas. *Jeremías 31:3, 4*

Me gozaré en hacerles bien, y con fidelidad y de todo corazón los volveré a plantar en esta tierra. *Jeremías 32:41*

Ustedes son mi rebaño, las ovejas de mi prado. Ustedes son mi pueblo y yo soy su Dios. ¡Yo, el Señor Soberano, he hablado! *Ezequiel 34:31*

Ya ven, ustedes me importan y les prestaré atención. Su suelo será arado y se sembrarán cultivos. *Ezequiel 36:9*

El Señor dice: Entonces yo los sanaré de su falta de fe; mi amor no tendrá límites, porque mi enojo habrá desaparecido para siempre. *Oseas 14:4*

El Señor es bueno, un refugio seguro cuando llegan dificultades. Él está cerca de los que confían en él. *Nahum 1:7*

El Señor tu Dios vive en medio de ti. Él es un poderoso salvador. Se deleitará en ti con alegría. Con su amor calmará todos tus temores. Se gozará por ti con cantos de alegría. *Sofonías 3:17*

Ellos serán mi pueblo, dice el Señor de los Ejércitos Celestiales. El día en que yo venga para juzgar, serán mi tesoro especial. Les tendré compasión así como un padre le muestra compasión a un hijo obediente. *Malaquías 3:17*

Cada cabello de su cabeza está contado. Así que no tengan miedo; para Dios ustedes son más valiosos que toda una bandada de gorriones. *Mateo 10:30, 31*

Pues Dios amó tanto al mundo que dio a su único Hijo, para que todo el que crea en él no se pierda, sino que tenga vida eterna. *Juan 3:16*

El Padre mismo los ama profundamente, porque ustedes me aman a mí y han creído que vine de Dios. *Juan 16:27*

Yo estoy en ellos, y tú estás en mí. Que gocen de una unidad tan perfecta que el mundo sepa que tú me enviaste y que los amas tanto como me amas a mí. *Juan 17:23*

Yo te he dado a conocer a ellos y seguiré haciéndolo. Entonces tu amor por mí estará en ellos, y yo también estaré en ellos.   *Juan 17:26*

Que nuestro Señor Jesucristo mismo y Dios nuestro Padre, quien nos amó y por su gracia nos dio consuelo eterno y una esperanza maravillosa, los conforten y fortalezcan en todo lo bueno que ustedes hagan y digan.   *2 Tesalonicenses 2:16, 17*

Dios es tan rico en misericordia y nos amó tanto que, a pesar de que estábamos muertos por causa de nuestros pecados, nos dio vida cuando levantó a Cristo de los muertos. (¡Es solo por la gracia de Dios que ustedes han sido salvados!) Pues nos levantó de los muertos junto con Cristo y nos sentó con él en los lugares celestiales, porque estamos unidos a Cristo Jesús. De modo que, en los tiempos futuros, Dios puede ponernos como ejemplos de la increíble riqueza de la gracia y la bondad que nos tuvo, como se ve en todo lo que ha hecho por nosotros, que estamos unidos a Cristo Jesús.   *Efesios 2:4-7*

En esto consiste el amor verdadero: no en que nosotros hayamos amado a Dios, sino en que él nos amó a nosotros y envió a su Hijo como sacrificio para quitar nuestros pecados.   *1 Juan 4:10*

Nosotros sabemos cuánto nos ama Dios y hemos puesto nuestra confianza en su amor.   *1 Juan 4:16*

Nos amamos unos a otros, porque él nos amó primero.   *1 Juan 4:19.*

Amar a Dios

Reconoce, por lo tanto, que el Señor tu Dios es verdaderamente Dios. Él es Dios fiel, quien cumple su pacto por mil generaciones y derrama su amor inagotable sobre quienes lo aman y obedecen sus mandatos.
   Deuteronomio 7:9

Si obedeces cuidadosamente los mandatos que te entrego hoy y si amas al Señor tu Dios y lo sirves con todo tu corazón y con toda tu alma, él mandará las lluvias propias de cada estación, las tempranas y las tardías, para que puedas juntar las cosechas de granos, el vino nuevo y el aceite de oliva. Te dará buenos pastizales para que se alimenten tus animales, y tendrás todo lo que quieras comer.
   Deuteronomio 11:13-15

Deléitate en el Señor, y él te concederá los deseos de tu corazón.
Salmo 37:4

El Señor dice: Rescataré a los que me aman; protegeré a los que confían en mi nombre. *Salmo 91:14*

El Señor protege a todos los que lo aman, pero destruye a los perversos. *Salmo 145:20*

Amo a todos los que me aman. Los que me buscan, me encontrarán.
Proverbios 8:17

Los que me aman heredan riquezas; llenaré sus cofres de tesoros.
Proverbios 8:21

Los que aceptan mis mandamientos y los obedecen son los que me aman. Y, porque me aman a mí, mi Padre los amará a ellos. Y yo los amaré y me daré a conocer a cada uno de ellos. *Juan 14:21*

Ningún ojo ha visto, ningún oído ha escuchado, ninguna mente ha imaginado lo que Dios tiene preparadopara quienes lo aman.
1 Corintios 2:9

Que la gracia de Dios sea eternamente con todos los que aman a nuestro Señor Jesucristo. *Efesios 6:2*

Amor Fraternal

Así que ahora les doy un nuevo mandamiento: ámense unos a otros. Tal como yo los he amado, ustedes deben amarse unos a otros. El amor que tengan unos por otros será la prueba ante el mundo de que son mis discípulos. *Juan 13:34, 35*

No finjan amar a los demás; ámenlos de verdad. Aborrezcan lo malo. Aférrense a lo bueno. Ámense unos a otros con un afecto genuino y deléitense al honrarse mutuamente. *Romanos 12:9, 10*

Dado que Dios los eligió para que sean su pueblo santo y amado por él, ustedes tienen que vestirse de tierna compasión, bondad, humildad, gentileza y paciencia. Sean comprensivos con las faltas de

los demás y perdonen a todo el que los ofenda. Recuerden que el Señor los perdonó a ustedes, así que ustedes deben perdonar a otros.
Colosenses 3:12, 13

Pero no hace falta que les escribamos sobre la importancia de amarse mutuamente, pues Dios mismo les ha enseñado a amarse unos a otros.
1 Tesalonicenses 4:9

Al obedecer la verdad, ustedes quedaron limpios de sus pecados, por eso ahora tienen que amarse unos a otros como hermanos, con amor sincero. Ámense profundamente de todo corazón.   *1 Pedro 1:22*

El que ama a otro creyente vive en la luz y no hace que otros tropiecen.   *1 Juan 2:10*

Queridos hijos, que nuestro amor no quede solo en palabras; mostremos la verdad por medio de nuestras acciones.   *1 Juan 3:18*

Queridos amigos, sigamos amándonos unos a otros, porque el amor viene de Dios. Todo el que ama es un hijo de Dios y conoce a Dios; pero el que no ama no conoce a Dios, porque Dios es amor.
1 Juan 4:7, 8

Queridos amigos, ya que Dios nos amó tanto, sin duda nosotros también debemos amarnos unos a otros.   *1 Juan 4:11*

Anhelo

Le dije al Señor: ¡Tú eres mi dueño! Todo lo bueno que tengo proviene de ti.   *Salmo 16:2*

El Señor Dios es nuestro sol y nuestro escudo; él nos da gracia y gloria. El Señor no negará ningún bien a quienes hacen lo que es correcto.   *Salmo 84:11*

Aparta mis ojos de cosas inútiles y dame vida mediante tu palabra.
Salmo 119:37

Pon todo lo que hagas en manos del Señor, y tus planes tendrán éxito.
Proverbios 16:3

Podemos hacer nuestros planes, pero el Señor determina nuestros pasos. *Proverbios 16:9*

El que se esfuerza en su trabajo tiene comida en abundancia, pero el que persigue fantasías termina en la pobreza. *Proverbios 28:19*

Nos enseñará sus caminos y andaremos en sus sendas. *Miqueas 4:2*

Jesús les respondió: Yo soy el pan de vida. El que viene a mí nunca volverá a tener hambre; el que cree en mí no tendrá sed jamás.
Juan 6:35

Sé vivir con casi nada o con todo lo necesario. He aprendido el secreto de vivir en cualquier situación, sea con el estómago lleno o vacío, con mucho o con poco. Pues todo lo puedo hacer por medio de Cristo, quien me da las fuerzas. *Filipenses 4:12-13*

Así que seguimos orando por ustedes, pidiéndole a nuestro Dios que los ayude para que vivan una vida digna de su llamado. Que él les dé el poder para llevar a cabo todas las cosas buenas que la fe los mueve a hacer. *2 Tesalonicenses 1:11*

Ánimo

Y ahora, Israel, ¿qué requiere el Señor tu Dios de ti? Solo requiere que temas al Señor tu Dios, que vivas de la manera que le agrada y que lo ames y lo sirvas con todo tu corazón y con toda tu alma.
Deuteronomio 10:12

El Señor llevará a cabo los planes que tiene para mi vida, pues tu fiel amor, oh Señor, permanece para siempre. No me abandones, porque tú me creaste. *Salmo 138:8*

Yo sé los planes que tengo para ustedes, dice el Señor. Son planes para lo bueno y no para lo malo, para darles un futuro y una esperanza. *Jeremías 29:11*

Dejen que sus buenas acciones brillen a la vista de todos, para que todos alaben a su Padre celestial. *Mateo 5:16*

Que nuestro Señor Jesucristo mismo y Dios nuestro Padre, quien nos amó y por su gracia nos dio consuelo eterno y una esperanza maravillosa, los conforten y fortalezcan en todo lo bueno que ustedes hagan y digan.
2 Tesalonicenses 2:16, 17

Esta declaración es digna de confianza, y quiero que insistas en estas enseñanzas, para que todos los que confían en Dios se dediquen a hacer el bien.
Tito 3:8

Dios no es injusto. No olvidará con cuánto esfuerzo han trabajado para él y cómo han demostrado su amor por él sirviendo a otros creyentes como todavía lo hacen.
Hebreos 6:10

No desechen la firme confianza que tienen en el Señor. ¡Tengan presente la gran recompensa que les traerá!
Hebreos 10:35

Ustedes no son así porque son un pueblo elegido. Son sacerdotes del Rey, una nación santa, posesión exclusiva de Dios. Por eso pueden mostrar a otros la bondad de Dios, pues él los ha llamado a salir de la oscuridad y entrar en su luz maravillosa.
1 Pedro 2:9

Ayuda a los demás con toda la fuerza y la energía que Dios te da. Así, cada cosa que hagan traerá gloria a Dios por medio de Jesucristo. ¡A él sea toda la gloria y todo el poder por siempre y para siempre!
1 Pedro 4:11

Ansiedad

Además, yo estoy contigo y te protegeré dondequiera que vayas. Llegará el día en que te traeré de regreso a esta tierra. No te dejaré hasta que haya terminado de darte todo lo que te he prometido.
Génesis 28:15

Algunas naciones se jactan de sus caballos y sus carros de guerra, pero nosotros nos jactamos en el nombre del Señor nuestro Dios.
Salmo 20:7

Luego llámame cuando tengas problemas, y yo te rescataré, y tú me darás la gloria.
Salmo 50:15

Entrégale tus cargas al Señor, y él cuidará de ti; no permitirá que los justos tropiecen y caigan. *Salmo 55:22*

¡Alaben al Señor, alaben a Dios nuestro salvador! Pues cada día nos lleva en sus brazos. *Salmo 68:19*

A ti clamaré cada vez que esté en apuros, y tú me responderás.
Salmo 86:7

Confía en el Señor con todo tu corazón; no dependas de tu propio entendimiento. Busca su voluntad en todo lo que hagas, y él te mostrará cuál camino tomar. *Proverbios 3:5, 6*

Alimentará su rebaño como un pastor; llevará en sus brazos los corderos y los mantendrá cerca de su corazón. Guiará con delicadeza a las ovejas con crías. *Isaías 40:11*

Pues yo te sostengo de tu mano derecha; yo, el Señor tu Dios. Y te digo: No tengas miedo, aquí estoy para ayudarte. *Isaías 41:13*

Luego dijo Jesús: Vengan a mí todos los que están cansados y llevan cargas pesadas, y yo les daré descanso. *Mateo 11:28*

Les he dicho todo lo anterior para que en mí tengan paz. Aquí en el mundo tendrán muchas pruebas y tristezas, pero anímense, porque yo he vencido al mundo. *Juan 16:33*

Arrepentimiento

Abandona tus pecados y deja atrás toda iniquidad. Entonces tu rostro se iluminará con inocencia; serás fuerte y estarás libre de temor.
Job 11:14,15

El Señor está cerca de los que tienen quebrantado el corazón; él rescata a los de espíritu destrozado. *Salmo 34:18*

Él sana a los de corazón quebrantado y les venda las heridas.
Salmo 147:3

Si los perversos abandonan sus pecados y comienzan a obedecer mis decretos y a hacer lo que es justo y correcto, ciertamente vivirán y no morirán. Todos los pecados pasados serán olvidados y vivirán por las acciones justas que han hecho. *Ezequiel 18:21, 22*

Quiero que tengan compasión, no que ofrezcan sacrificios. Pues no he venido a llamar a los que se creen justos, sino a los que saben que son pecadores. *Mateo 9:13*

¡Por fin ha llegado el tiempo prometido por Dios! anunciaba. ¡El reino de Dios está cerca! ¡Arrepiéntanse de sus pecados y crean la Buena Noticia! *.Marcos 1:15*

Entonces los discípulos salieron y decían a todos que se arrepintieran de sus pecados y volvieran a Dios. *Marcos 6:12*

Ayuda en Dificultades

El Señor es bueno, un refugio seguro cuando llegan dificultades. Él está cerca de los que confían en él. *Nahum 1:7*

Te rescatará de seis desastres; aun en el séptimo, te guardará del mal. *Job 5:19*

Dios no rechazará a una persona íntegra, tampoco dará una mano a los malvados. Él volverá a llenar tu boca de risas y tus labios con gritos de alegría. *Job 8:20, 21*

El Señor es un refugio para los oprimidos, un lugar seguro en tiempos difíciles. *Salmo 9:9*

El Señor es mi roca, mi fortaleza y mi salvador; mi Dios es mi roca, en quien encuentro protección. Él es mi escudo, el poder que me salva y mi lugar seguro. *Salmo 18:2*

Enciendes una lámpara para mí. El Señor, mi Dios, ilumina mi oscuridad. *Salmo 18:28*

No ha pasado por alto ni ha tenido en menos el sufrimiento de los necesitados; no les dio la espalda, sino que ha escuchado sus gritos de auxilio. *Salmo 22:24*

¡Amen al Señor todos los justos! Pues el Señor protege a los que le son leales, pero castiga severamente a los arrogantes. *Salmo 31:23*

Tú eres mi escondite; me proteges de las dificultades y me rodeas con canciones de victoria. *Salmo 32:7*

La persona íntegra enfrenta muchas dificultades, pero el Señor llega al rescate en cada ocasión. *Salmo 34:19*

Aunque tropiecen, nunca caerán porque el Señor los sostiene de la mano. *Salmo 37:24*

El Señor rescata a los justos; él es su fortaleza en tiempos de dificultad. *Salmo 37:39*

¿Por qué estoy desanimado? ¿Por qué está tan triste mi corazón? ¡Pondré mi esperanza en Dios! Nuevamente lo alabaré, ¡mi Salvador y mi Dios! *Salmo 42:11*

Hasta los que vivían entre los rediles encontraron tesoros, palomas con alas de plata y plumas de oro. *Salmo 68:13*

Has permitido que sufra muchas privaciones, pero volverás a darme vida y me levantarás de las profundidades de la tierra. *Salmo 71:20*

Puede fallarme la salud y debilitarse mi espíritu, pero Dios sigue siendo la fuerza de mi corazón; él es mío para siempre. *Salmo 73:26*

Ningún mal te conquistará; ninguna plaga se acercará a tu hogar. Pues él ordenará a sus ángeles que te protejan por donde vayas.
Salmo 91:10, 11

Los que siembran con lágrimas cosecharán con gritos de alegría. Lloran al ir sembrando sus semillas, pero regresan cantando cuando traen la cosecha. *Salmo 126:5, 6*

Aunque estoy rodeado de dificultades, tú me protegerás del enojo de mis enemigos. Extiendes tu mano, y el poder de tu mano derecha me salva. *Salmo 138:7*

El Señor abre los ojos de los ciegos. El Señor levanta a los agobiados. El Señor ama a los justos. *Salmo 146:8*

El Señor no abandona a nadie para siempre. Aunque trae dolor, también muestra compasión debido a la grandeza de su amor inagotable. Pues él no se complace en herir a la gente o en causarles dolor. *Lamentaciones 3:31-33*

¡Enemigos míos, no se regodeen de mí! Pues aunque caiga, me levantaré otra vez. Aunque esté en oscuridad, el Señor será mi luz. Seré paciente cuando el Señor me castigue, porque he pecado contra él. Pero después, él tomará mi caso y me hará justicia por todo lo que he sufrido a manos de mis enemigos. El Señor me llevará a la luz y veré su justicia. *Miqueas 7:8, 9*

En mí, tengan paz. Aquí en el mundo tendrán muchas pruebas y tristezas; pero anímense, porque yo he vencido al mundo. *Juan 16:33*

Bendición

Qué grande es la bondad que has reservado para los que te temen. La derramas en abundancia sobre los que acuden a ti en busca de protección, y los bendices ante la mirada del mundo. *Salmo 31:19*

Dios nos bendecirá, y gente de todo el mundo le temerá. *Salmo 67:7*

¡Qué alegría para los que reciben su fuerza del Señor, los que se proponen caminar hasta Jerusalén! *Salmo 84:5*

Sí, el Señor derrama sus bendiciones, y nuestra tierra dará una abundante cosecha. *Salmo 85:12*

El satisface al sediento y al hambriento lo llena de cosas buenas. *Salmo 107:9*

El Señor se acuerda de nosotros y nos bendecirá. Bendecirá al pueblo de Israel y bendecirá a los sacerdotes, los descendientes de Aarón. Bendecirá a los que temen al Señor, tanto a los grandes como a los humildes. *Salmo 115:12 ,13*

¡Qué feliz es el que teme al Señor, todo el que sigue sus caminos!
Salmo 128:1

Díganles a los justos que a ellos les irá bien en todo. ¡Disfrutarán de la rica recompensa que se han ganado! *Isaías 3:10*

Benditos son los que confían en el Señor y han hecho que el Señor sea su esperanza y confianza. Son como árboles plantados junto a la ribera de un río. *Jeremías 17:7, 8*

Y haré un pacto eterno con ellos: nunca dejaré de hacerles bien. Pondré en el corazón de ellos el deseo de adorarme, y nunca me dejarán. *Jeremías 32:40*

Bendeciré a mi pueblo y a sus hogares alrededor de mi colina sagrada. En la temporada oportuna les enviaré las lluvias que necesiten; habrá lluvias de bendición. *Ezequiel 34:26*

Si Dios no se guardó ni a su propio Hijo, sino que lo entregó por todos nosotros, ¿no nos dará también todo lo demás? *Romanos 8:32*

Toda la alabanza sea para Dios, el Padre de nuestro Señor Jesucristo, quien nos ha bendecido con toda clase de bendiciones espirituales en los lugares celestiales, porque estamos unidos a Cristo. *Efesios 1:3*

Buscar a Dios

Buscarán nuevamente al Señor su Dios. Y si lo buscan con todo el corazón y con toda el alma, lo encontrarán. *Deuteronomio 4:29*

Y tú, Salomón, hijo mío, aprende a conocer íntimamente al Dios de tus antepasados. Adóralo y sírvelo de todo corazón y con una mente dispuesta. Pues el Señor ve cada corazón y conoce todo plan y pensamiento. Si lo buscas, lo encontrarás; pero si te apartas de él, te rechazará para siempre. *1 Crónicas 28:9*

El Señor permanecerá con ustedes mientras ustedes permanezcan con é. Cada vez que lo busquen, lo encontrarán; pero si lo abandonan, él los abandonará a ustedes. *2 Crónicas 15:2*

La mano protectora de nuestro Dios está sobre todos los que lo adoran, pero su enojo feroz se desata contra quienes lo abandonan.
Esdras 8:22

Si oras a Dios y buscas el favor del Todopoderoso, si eres puro y vives con integridad, sin duda que él se levantará y devolverá la felicidad a tu hogar.
Job 8:5, 6

Los que conocen tu nombre confían en ti, porque tú, oh Señor, no abandonas a los que te buscan.
Salmo 9:10

Si me buscan de todo corazón, podrán encontrarme.
Jeremías 29:13

El Señor es bueno con los que dependen de él, con aquellos que lo buscan.
Lamentaciones 3:25

Planten buenas semillas de justicia, y levantarán una cosecha de amor. Aren la dura tierra de sus corazones, porque ahora es tiempo de buscar al Señor para que él venga y haga llover justicia sobre ustedes.
Oseas 10:12

Esto es lo que el Señor dice a la familia de Israel: ¡Vuelvan a buscarme y vivan!
Amós 5:4

Su propósito era que las naciones buscaran a Dios y, quizá acercándose a tientas, lo encontraran; aunque él no está lejos de ninguno de nosotros.
Hechos 17:27

Sin fe es imposible agradar a Dios. Todo el que desee acercarse a Dios debe creer que él existe y que él recompensa a los que lo buscan con sinceridad.
Hebreos 11:6

Calumnia

No disemines chismes difamatorios entre tu pueblo. No te quedes con los brazos cruzados cuando la vida de tu prójimo corre peligro. Yo soy el Señor.
Levítico 19:16

Estarás seguro ante la calumnia y no tendrás miedo cuando llegue la destrucción.
Job 5:21

Los escondes en el refugio de tu presencia, a salvo de los que conspiran contra ellos. Los proteges en tu presencia, los alejas de las lenguas acusadoras. *Salmo 31:20*

¡Entonces refrena tu lengua de hablar el mal y tus labios de decir mentiras! *Salmo 34:13*

Él hará resplandecer tu inocencia como el amanecer, y la justicia de tu causa brillará como el sol de mediodía. *Salmo 37:6*

Él mandará ayuda del cielo para rescatarme, y avergonzará a los que me persiguen. Mi Dios enviará su amor inagotable y su fidelidad. *Salmo 57:3*

El chismoso anda contando secretos; pero los que son dignos de confianza saben guardar una confidencia. *Proverbios 11:13*

El alborotador siembra conflictos; el chisme separa a los mejores amigos. *Proverbios 16:28*

Los rumores son deliciosos bocaditos que penetran en lo profundo del corazón. *Proverbios 18:8*

El chismoso anda por ahí ventilando secretos, así que no andes con los que hablan de más. *Proverbios 20.19*

Tan cierto como que el viento del norte trae lluvia, ¡la lengua chismosa causa enojo! *Proverbios 25:23*

El fuego se apaga cuando falta madera, y las peleas se acaban cuando termina el chisme. El buscapleitos inicia disputas con tanta facilidad como las brasas calientes encienden el carbón o el fuego prende la madera. Los rumores son deliciosos bocaditos que penetran en lo profundo del corazón. *Proverbios 26:20-22*

Escúchenme, ustedes que distinguen entre lo bueno y lo malo, ustedes que atesoran mi ley en el corazón. No teman las burlas de la gente, ni tengan miedo de sus insultos. *Isaías 51:7*

Dios los bendice a ustedes cuando la gente les hace burla y los persigue y miente acerca de ustedes y dice toda clase de cosas malas en su contra porque son mis seguidores. ¡Alégrense! ¡Estén contentos, porque les espera una gran recompensa en el cielo! Y recuerden que a los antiguos profetas los persiguieron de la misma manera. *Mateo 5:11, 12*

Si los insultan porque llevan el nombre de Cristo, serán bendecidos, porque el glorioso Espíritu de Dios reposa sobre ustedes. *1 Pedro 4:14*

Caridad

Dáselo a los levitas, quienes no recibirán ninguna asignación de tierra como las demás tribus y también a los extranjeros que vivan en medio de ti, a los huérfanos y a las viudas de tus ciudades, para que coman y se sacien. Entonces el Señor tu Dios te bendecirá en todo tu trabajo. *Deuteronomio 14:29*

Una vez fui joven, ahora soy anciano, sin embargo, nunca he visto abandonado al justo ni a sus hijos mendigando pan. Los justos siempre prestan con generosidad y sus hijos son una bendición. *Salmo 37:25, 26*

¡Qué alegría hay para los que tratan bien a los pobres! El Señor los rescata cuando están en apuros. El Señor los protege y los mantiene con vida; los prospera en la tierra y los rescata de sus enemigos. *Salmo 41:1, 2*

Da con generosidad y serás más rico; sé tacaño y lo perderás todo. El generoso prosperará, y el que reanima a otros será reanimado. *Proverbios 11:24, 25*

Denigrar al prójimo es pecado; benditos los que ayudan a los pobres. *Proverbios 14:21*

Si ayudas al pobre, le prestas al Señor, ¡y él te lo pagará! *Proverbios 19:17*

Benditos son los generosos, porque alimentan a los pobres. *Proverbios 22:9*

Al que ayuda al pobre no le faltará nada, en cambio, los que cierran sus ojos ante la pobreza serán maldecidos. *Proverbios 28:27*

Envía tu grano por los mares, y a su tiempo recibirás ganancias.
Eclesiastés 11:1

Compartan su comida con los hambrientos y den refugio a los que no tienen hogar; denles ropa a quienes la necesiten y no se escondan de parientes que precisen su ayuda. Entonces su salvación llegará como el amanecer, y sus heridas sanarán con rapidez; su justicia los guiará hacia adelante y atrás los protegerá la gloria del Señor. ..*Isaías 58:7, 8*

Alimenten a los hambrientos y ayuden a los que están en apuros. Entonces su luz resplandecerá desde la oscuridad, y la oscuridad que los rodea será tan radiante como el mediodía. *Isaías 58:10*

No hagan sus buenas acciones en público para que los demás los admiren, porque perderán la recompensa de su Padre, que está en el cielo. Cuando le des a alguien que pasa necesidad, no hagas lo que hacen los hipócritas que tocan la trompeta en las sinagogas y en las calles para llamar la atención a sus actos de caridad. Les digo la verdad, no recibirán otra recompensa más que esa. Pero tú, cuando le des a alguien que pasa necesidad, que no sepa tu mano izquierda lo que hace tu derecha. Entrega tu ayuda en privado, y tu Padre, quien todo lo ve, te recompensará. *Mateo 6:1-4*

Entonces el Rey dirá a los que estén a su derecha: Vengan, ustedes, que son benditos de mi Padre, hereden el reino preparado para ustedes desde la creación del mundo. Pues tuve hambre, y me alimentaron. Tuve sed, y me dieron de beber. Fui extranjero, y me invitaron a su hogar. Estuve desnudo, y me dieron ropa. Estuve enfermo, y me cuidaron. Estuve en prisión, y me visitaron. Entonces esas personas justas responderán: Señor, ¿en qué momento te vimos con hambre y te alimentamos, o con sed y te dimos algo de beber, o te vimos como extranjero y te brindamos hospitalidad, o te vimos desnudo y te dimos ropa, o te vimos enfermo o en prisión, y te visitamos? Y el Rey dirá: Les digo la verdad, cuando hicieron alguna de estas cosas al más insignificante de estos, mis hermanos, ¡me lo hicieron a mí!
Mateo 25:34-40

Jesús miró al hombre y sintió profundo amor por él. Hay una cosa que todavía no has hecho —le dijo—. Anda y vende todas tus posesiones y entrega el dinero a los pobres, y tendrás tesoro en el cielo. Después ven y sígueme. *Marcos 10:21*

Den, y recibirán. Lo que den a otros les será devuelto por completo: apretado, sacudido para que haya lugar para más, desbordante y derramado sobre el regazo. La cantidad que den determinará la cantidad que recibirán a cambio. *Lucas 6:38*

Vendan sus posesiones y den a los que pasan necesidad. ¡Eso almacenará tesoros para ustedes en el cielo! Y las bolsas celestiales nunca se ponen viejas ni se agujerean. El tesoro de ustedes estará seguro; ningún ladrón podrá robarlo y ninguna polilla, destruirlo. *Lucas 12:33*

Invita al pobre, al lisiado, al cojo y al ciego. Luego, en la resurrección de los justos, Dios te recompensará por invitar a los que no podían devolverte el favor. *Lucas 14:13, 14*

Tres cosas durarán para siempre: la fe, la esperanza y el amor; y la mayor de las tres es el amor. *1 Corintios 13:13*

Cada uno debe decidir en su corazón cuánto dar; y no den de mala gana ni bajo presión, porque Dios ama a la persona que da con alegría. *2 Corintios 9:7*

Enséñales a los ricos de este mundo que no sean orgullosos ni que confíen en su dinero, el cual es tan inestable. Deberían depositar su confianza en Dios, quien nos da en abundancia todo lo que necesitamos para que lo disfrutemos. Diles que usen su dinero para hacer el bien. Deberían ser ricos en buenas acciones, generosos con los que pasan necesidad y estar siempre dispuestos a compartir con otros. *1 Timoteo 6:17, 18*

Celos

No codicies la esposa de tu prójimo. Tampoco codicies la casa de tu prójimo ni su tierra, ni su siervo, ni su sierva, ni su buey, ni su burro, ni ninguna otra cosa que le pertenezca. *Deuteronomio 5:21*

Quédate quieto en la presencia del Señor, y espera con paciencia a que él actúe. No te inquietes por la gente mala que prospera, ni te preocupes por sus perversas maquinaciones. *Salmo 37:7*

No envidies a las personas violentas, ni imites su conducta.
Proverbios 3:31

La paz en el corazón da salud al cuerpo; los celos son como cáncer en los huesos. *Proverbios 14:30*

No envidies a los pecadores, en cambio, teme siempre al Señor. Si lo haces, serás recompensado; tu esperanza no se frustrará.
Proverbios 23:17, 18

No envidies a la gente malvada, ni desees su compañía.
Proverbios 24:1

El enojo es cruel, y la ira es como una inundación, pero los celos son aún más peligrosos. *Proverbios 27:4*

Luego observé que a la mayoría de la gente le interesa alcanzar el éxito porque envidia a sus vecinos; pero eso tampoco tiene sentido, es como perseguir el viento. *Eclesiastés 4:4*

Luego, dirigiéndose a sus discípulos, dijo: Por eso les digo que no se preocupen por la vida diaria, si tendrán suficiente alimento para comer o suficiente ropa para vestirse. Pues la vida es más que la comida, y el cuerpo es más que la ropa. *Lucas 12:22-23*

No se preocupen por su propio bien, sino por el bien de los demás.
1 Corintios 10:24

No nos hagamos vanidosos ni nos provoquemos unos a otros ni tengamos envidia unos de otros. *Gálatas 5:26*

Si tienen envidias amargas y ambiciones egoístas en el corazón, no encubran la verdad con jactancias y mentiras. *Santiago 3:14*

Donde hay envidias y ambiciones egoístas, también habrá desorden y toda clase de maldad. *Santiago 3:16*

¿Acaso piensan que las Escrituras no significan nada? Ellas dicen que Dios desea fervientemente que el espíritu que puso dentro de nosotros le sea fiel. *Santiago 4:5*

Cielo

El Señor dice: Grita y alégrate, oh Jerusalén hermosa, porque yo vengo a vivir en medio de ti. *Zacarías 2:10*

Ustedes también deben estar preparados todo el tiempo, porque el Hijo del Hombre vendrá cuando menos lo esperen. *Mateo 24:44*

En el hogar de mi Padre, hay lugar más que suficiente. Si no fuera así, ¿acaso les habría dicho que voy a prepararles un lugar? Cuando todo esté listo, volveré para llevarlos, para que siempre estén conmigo donde yo estoy. *Juan 14:2, 3*

Hombres de Galilea, les dijeron, ¿por qué están aquí parados, mirando al cielo? Jesús fue tomado de entre ustedes y llevado al cielo, ¡pero un día volverá del cielo de la misma manera en que lo vieron irse! *Hechos 1:11*

Cuando Cristo, quien es la vida de ustedes, sea revelado a todo el mundo, ustedes participarán de toda su gloria. *Colosenses 3:4*

El Señor mismo descenderá del cielo con un grito de mando, con voz de arcángel y con el llamado de trompeta de Dios. Primero, los creyentes que hayan muerto se levantarán de sus tumbas. Luego, junto con ellos, nosotros, los que aún sigamos vivos sobre la tierra, seremos arrebatados en las nubes para encontrarnos con el Señor en el aire. Entonces estaremos con el Señor para siempre. *1 Tesalonicenses 4:16, 17*

Cristo fue ofrecido una sola vez y para siempre, a fin de quitar los pecados de muchas personas. Cristo vendrá otra vez, no para ocuparse de nuestros pecados, sino para traer salvación a todos los que esperan con anhelo su venida. *Hebreos 9:28*

Dentro de muy poco tiempo, Aquel que viene vendrá sin demorarse. *Hebreos 10:37*

Ya somos hijos de Dios, pero él todavía no nos ha mostrado lo que seremos cuando Cristo venga; pero sí sabemos que seremos como él, porque lo veremos tal como él es. *1 Juan 3:2*

¡Miren! Él viene en las nubes del cielo. Y todos lo verán, incluso aquellos que lo traspasaron. Y todas las naciones del mundo se lamentarán por él. ¡Sí! ¡Amén! *Apocalipsis 1:7*

Codicia

No codicies su belleza; no dejes que sus miradas coquetas te seduzcan. Pues una prostituta te llevará a la pobreza, pero dormir con la mujer de otro hombre te costará la vida. ¿Acaso puede un hombre echarse fuego sobre las piernas sin quemarse la ropa? ¿Podrá caminar sobre carbones encendidos sin ampollarse los pies? Así le sucederá al hombre que duerme con la esposa de otro hombre. El que la abrace no quedará sin castigo. *Proverbios 6:25-29*

Han oído el mandamiento que dice: No cometas adulterio. Pero yo digo que el que mira con pasión sexual a una mujer ya ha cometido adulterio con ella en el corazón. *Mateo 5:27, 28*

Ustedes deberían considerarse muertos al poder del pecado y vivos para Dios por medio de Cristo Jesús. No permitan que el pecado controle la manera en que viven; no caigan ante los deseos pecaminosos. El pecado ya no es más su amo, porque ustedes ya no viven bajo las exigencias de la ley. En cambio, viven en la libertad de la gracia de Dios. *Romanos 6:11, 12, 14*

Vístanse con la presencia del Señor Jesucristo. Y no se permitan pensar en formas de complacer los malos deseos. *Romanos 13:14*

Dejen que el Espíritu Santo los guíe en la vida. Entonces no se dejarán llevar por los impulsos de la naturaleza pecaminosa. La naturaleza pecaminosa desea hacer el mal, que es precisamente lo contrario de lo que quiere el Espíritu. Y el Espíritu nos da deseos que se oponen a lo que desea la naturaleza pecaminosa. Estas dos fuerzas luchan constantemente entre sí, entonces ustedes no son libres para llevar a cabo sus buenas intenciones. *Gálatas 5:16, 17*

Los que pertenecen a Cristo Jesús han clavado en la cruz las pasiones y los deseos de la naturaleza pecaminosa y los han crucificado allí. *Gálatas 5:24*

Todos vivíamos así en el pasado, siguiendo los deseos de nuestras pasiones y la inclinación de nuestra naturaleza pecaminosa. Por nuestra propia naturaleza, éramos objeto del enojo de Dios igual que todos los demás. Pero Dios es tan rico en misericordia y nos amó tanto que, a pesar de que estábamos muertos por causa de nuestros pecados, nos dio vida cuando levantó a Cristo de los muertos. (¡Es solo por la gracia de Dios que ustedes han sido salvados!) Pues nos levantó de los muertos junto con Cristo y nos sentó con él en los lugares celestiales, porque estamos unidos a Cristo Jesús.   *Efesios 2:3-6*

Huye de todo lo que estimule las pasiones juveniles. En cambio, sigue la vida recta, la fidelidad, el amor y la paz. Disfruta del compañerismo de los que invocan al Señor con un corazón puro.   *2 Timoteo 2:22*

La gracia de Dios ya ha sido revelada, la cual trae salvación a todas las personas. Y se nos instruye a que nos apartemos de la vida mundana y de los placeres pecaminosos. En este mundo maligno, debemos vivir con sabiduría, justicia y devoción a Dios. *Tito 2:11, 12*

En otro tiempo nosotros también éramos necios y desobedientes. Fuimos engañados y nos convertimos en esclavos de toda clase de pasiones y placeres. Nuestra vida estaba llena de maldad y envidia, y nos odiábamos unos a otros. Sin embargo, cuando Dios nuestro Salvador dio a conocer su bondad y amor, él nos salvó, no por las acciones justas que nosotros habíamos hecho, sino por su misericordia. Nos lavó, quitando nuestros pecados, y nos dio un nuevo nacimiento y vida nueva por medio del Espíritu Santo.
Tito 3:3-5

Cuando sean tentados, acuérdense de no decir: Dios me está tentando. Dios nunca es tentado a hacer el mal y jamás tienta a nadie.
Santiago 1:13

¿Qué es lo que causa las disputas y las peleas entre ustedes? ¿Acaso no surgen de los malos deseos que combaten en su interior? Desean lo que no tienen, entonces traman y hasta matan para conseguirlo. Envidian lo que otros tienen, pero no pueden obtenerlo, por eso luchan y les hacen la guerra para quitárselo. Sin embargo, no tienen lo que desean porque no se lo piden a Dios. Aun cuando se lo piden, tampoco lo reciben porque lo piden con malas intenciones: desean solamente lo que les dará placer. ¡Adúlteros! ¿No se dan cuenta de

que la amistad con el mundo los convierte en enemigos de Dios? Si alguien quiere ser amigo del mundo, se hace enemigo de Dios.
Santiago 4:1-4

Humíllense delante de Dios. Resistan al diablo, y él huirá de ustedes. Acérquense a Dios, y Dios se acercará a ustedes. Lávense las manos, pecadores; purifiquen su corazón, porque su lealtad está dividida entre Dios y el mundo. *Santiago 4:7, 8*

Vivan como hijos obedientes de Dios. No vuelvan atrás, a su vieja manera de vivir, con el fin de satisfacer sus propios deseos. Antes lo hacían por ignorancia, pero ahora sean santos en todo lo que hagan, tal como Dios, quien los eligió, es santo. Pues las Escrituras dicen: Sean santos, porque yo soy santo. *1 Pedro 1:14, 15*

Ya que son extranjeros y residentes temporales, les advierto que se alejen de los deseos mundanos, que luchan contra el alma.
1 Pedro 2:11

Debido a su gloria y excelencia, nos ha dado grandes y preciosas promesas. Estas promesas hacen posible que ustedes participen de la naturaleza divina y escapen de la corrupción del mundo, causada por los deseos humanos. *2 Pedro 1:4*

El mundo solo ofrece un intenso deseo insaciable por todo lo que vemos, y el orgullo de nuestros logros y posesiones. Nada de eso proviene del Padre, sino que viene del mundo; y este mundo se acaba junto con todo lo que la gente tanto desea; pero el que hace lo que a Dios le agrada vivirá para siempre. *1 Juan 2:16, 17*

Ellos les advirtieron que en los últimos tiempos habría gente burlona cuyo objetivo en la vida es satisfacer sus malos deseos. Estos individuos son los que causan divisiones entre ustedes. Se dejan llevar por sus instintos naturales porque no tienen al Espíritu de Dios en ellos. Pero ustedes, queridos amigos, deben edificarse unos a otros en su más santísima fe, orar en el poder del Espíritu Santo y esperar la misericordia de nuestro Señor Jesucristo, quien les dará vida eterna. De esta manera, se mantendrán seguros en el amor de Dios.
Judas 18-21

Comunión

El Señor Dios dijo: No es bueno que el hombre esté solo. Haré una ayuda ideal para él...Entonces el Señor Dios hizo de la costilla a una mujer, y la presentó al hombre.
Génesis 2:18, 22

Pues donde se reúnen dos o tres en mi nombre, yo estoy allí entre ellos.
Mateo 18:20

Ama a tu prójimo como a ti mismo.
Marcos 12:31

Ahora les doy un nuevo mandamiento: ámense unos a otros. Tal como yo los he amado, ustedes deben amarse unos a otros. El amor que tengan unos por otros será la prueba ante el mundo de que son mis discípulos.
Juan 13:34, 35

No deban nada a nadie, excepto el deber de amarse unos a otros. Si aman a su prójimo, cumplen con las exigencias de la ley de Dios.
Romanos 13:8

Que Dios, quien da esa paciencia y ese ánimo, los ayude a vivir en plena armonía unos con otros, como corresponde a los seguidores de Cristo Jesús. Entonces todos ustedes podrán unirse en una sola voz para dar alabanza y gloria a Dios, el Padre de nuestro Señor Jesucristo.
Romanos 15:5, 6

Ya no hay judío ni gentil, esclavo ni libre, hombre ni mujer, porque todos ustedes son uno en Cristo Jesús.
Gálatas 3:28

¡Cuánto le agradecemos a Dios por ustedes! Gracias a ustedes tenemos gran alegría cuando entramos en la presencia de Dios.
1 Tesalonicenses 3:9

Que el Señor haga crecer y sobreabundar el amor que tienen unos por otros y por toda la gente, tanto como sobreabunda nuestro amor por ustedes.
1 Tesalonicenses 3:12

Confianza

Confía en el Señor y haz el bien; entonces vivirás seguro en la tierra y prosperarás. Deléitate en el Señor, y él te concederá los deseos de tu corazón. Entrega al Señor todo lo que haces; confía en él, y él te ayudará. *Salmo 37:3-5*

Ah, qué alegría para los que confían en el Señor, los que no confían en los orgullosos ni en aquellos que rinden culto a ídolos. *Salmo 40:4*

Dios es nuestro refugio y nuestra fuerza; siempre está dispuesto a ayudar en tiempos de dificultad. Por lo tanto, no temeremos cuando vengan terremotos y las montañas se derrumben en el mar.
Salmo 46:1, 2

El Señor Dios es nuestro sol y nuestro escudo; él nos da gracia y gloria. El Señor no negará ningún bien a quienes hacen lo que es correcto. Oh Señor de los Ejércitos Celestiales, ¡qué alegría tienen los que confían en ti! *Salmo 84:11, 12*

Los que confían en el Señor están seguros como el monte Sión; no serán vencidos, sino que permanecerán para siempre. *Salmo 125:1*

Confía en el Señor con todo tu corazón; no dependas de tu propio entendimiento. Busca su voluntad en todo lo que hagas, y él te mostrará cuál camino tomar. *Proverbios 3:5, 6*

No se preocupen diciendo: ¿Qué comeremos? ¿Qué beberemos? ¿Qué ropa nos pondremos? Esas cosas dominan el pensamiento de los incrédulos, pero su Padre celestial ya conoce todas sus necesidades.
Mateo 6:31, 32

No se preocupe, pequeño rebaño. Pues al Padre le da mucha felicidad entregarles el reino. *Lucas 12:32*

Pongan todas sus preocupaciones y ansiedades en las manos de Dios, porque él cuida de ustedes. *Pedro 5:7*

Confusión

Bendeciré al Señor, quien me guía; aun de noche mi corazón me enseña.
Salmo 16:7

El Señor dice: Te guiaré por el mejor sendero para tu vida; te aconsejaré y velaré por ti.
Salmo 32:8

Enséñame tus caminos, oh Señor, para que viva de acuerdo con tu verdad. Concédeme pureza de corazón, para que te honre.
Salmo 86:11

Abre mis ojos, para que vea las verdades maravillosas que hay en tus enseñanzas.
Salmo 119:18

La enseñanza de tu palabra da luz de modo que hasta los simples pueden entender.
Salmo 119:130

Yo sé, Señor, que nuestra vida no nos pertenece; no somos capaces de planear nuestro propio destino.
Jeremías 10:23

Por sus rostros correrán lágrimas de alegría, y con mucho cuidado los guiaré a casa. Caminarán junto a arroyos quietos y por caminos llanos donde no tropezarán. Pues soy el padre de Israel, y Efraín es mi hijo mayor.
Jeremías 31:9

El Espíritu Santo les enseñará en ese momento lo que hay que decir.
Lucas 12:12

Jesús habló una vez más al pueblo y dijo: Yo soy la luz del mundo. Si ustedes me siguen, no tendrán que andar en la oscuridad porque tendrán la luz que lleva a la vida.
Juan 8:12

Los que son espirituales pueden evaluar todas las cosas, pero ellos mismos no pueden ser evaluados por otros. Pues, ¿Quién puede conocer los pensamientos del Señor? ¿Quién sabe lo suficiente para enseñarle a él? Pero nosotros entendemos estas cosas porque tenemos la mente de Cristo.
1 Corintios 2:15, 16

Le pido a Dios que el amor de ustedes desborde cada vez más y que sigan creciendo en conocimiento y entendimiento. Quiero que entiendan lo que realmente importa, a fin de que lleven una vida pura e intachable hasta el día que Cristo vuelva. *Filipenses 1:9, 10*

Si necesitan sabiduría, pídansela a nuestro generoso Dios, y él se la dará; no los reprenderá por pedirla. *Santiago 1:5*

Consuelo

¡El Señor está con nosotros! *Números 14:9*

¡Sé fuerte y valiente! No tengas miedo ni sientas pánico frente a ellos, porque el Señor tu Dios, él mismo irá delante de ti. No te fallará ni te abandonará. *Deuteronomio 31:6*

El camino de Dios es perfecto. Todas las promesas del Señor demuestran ser verdaderas. Él es escudo para todos los que buscan su protección. *2 Samuel 22:31*

El Señor es un refugio para los oprimidos, un lugar seguro en tiempos difíciles. *Salmo 9:9*

El Señor es mi roca, mi fortaleza y mi salvador; mi Dios es mi roca, en quien encuentro protección. Él es mi escudo, el poder que me salva y mi lugar seguro. *Salmo 18:2*

No ha pasado por alto ni ha tenido en menos el sufrimiento de los necesitados; no les dio la espalda, sino que ha escuchado sus gritos de auxilio. *Salmo 22:24*

Aunque mi padre y mi madre me abandonen, el Señor me mantendrá cerca. *Salmo 27:10*

Espera con paciencia al Señor; sé valiente y esforzado; sí, espera al Señor con paciencia. *Salmo 27:14*

El Señor rescata a los justos; él es su fortaleza en tiempos de dificultad. *Salmo 37:39*

Entrégale tus cargas al Señor, y él cuidará de ti; no permitirá que los justos tropiecen y caigan. *Salmo 55:22*

Dios es nuestro refugio y nuestra fuerza; siempre está dispuesto a ayudar en tiempos de dificultad. Por lo tanto, no temeremos cuando vengan terremotos y las montañas se derrumben en el mar. ¡Que rujan los océanos y hagan espuma! ¡Que tiemblen las montañas mientras suben las aguas! *Salmo 46:1-3*

El Señor de los Ejércitos Celestiales está entre nosotros; el Dios de Israel es nuestra fortaleza. *Salmo 46:7*

Te pertenezco; me tomas de la mano derecha. *Salmo 73:23*

El Señor no rechazará a su pueblo, no abandonará a su posesión más preciada. *Salmo 94:14*

El amor del Señor permanece para siempre con los que le temen. ¡Su salvación se extiende a los hijos de los hijos! *Salmo 103:17*

Aunque estoy rodeado de dificultades, tú me protegerás del enojo de mis enemigos. Extiendes tu mano, y el poder de tu mano derecha me salva. *Salmo 138:7*

Cuando los pobres y los necesitados busquen agua y no la encuentren, y tengan la lengua reseca por la sed, entonces yo, el Señor, les responderé; yo, el Dios de Israel, nunca los abandonaré. *Isaías 41:17*

El Señor no abandona a nadie para siempre. Aunque trae dolor, también muestra compasión debido a la grandeza de su amor inagotable. Pues él no se complace en herir a la gente o en causarles dolor. *Lamentaciones 3:31-33*

El Señor es bueno, un refugio seguro cuando llegan dificultades. Él está cerca de los que confían en él. *Nahúm 1:7*

Dijo Jesús: Vengan a mí todos los que están cansados y llevan cargas pesadas, y yo les daré descanso. *Mateo 11:28*

Enseñen a los nuevos discípulos a obedecer todos los mandatos que les he dado. Y tengan por seguro esto: que estoy con ustedes siempre, hasta el fin de los tiempos. *Mateo 28:20*

Los que el Padre me ha dado vendrán a mí, y jamás los rechazaré. Pues he descendido del cielo para hacer la voluntad de Dios, quien me envió, no para hacer mi propia voluntad. Y la voluntad de Dios es que yo no pierda ni a uno solo de todos los que él me dio, sino que los resucite, en el día final. *Juan 6:37-39*

Les he dicho todo lo anterior para que en mí tengan paz. Aquí en el Mundo tendrán muchas pruebas y tristezas; pero anímense, porque yo he vencido al mundo. *Juan 16:33*

Y estoy convencido de que nada podrá jamás separarnos del amor de Dios. Ni la muerte ni la vida, ni ángeles ni demonios, ni nuestros temores de hoy ni nuestras preocupaciones de mañana. Ni siquiera los poderes del infierno pueden separarnos del amor de Dios. Ningún poder en las alturas ni en las profundidades, de hecho, nada en toda la creación podrá jamás separarnos del amor de Dios, que está revelado en Cristo Jesús nuestro Señor. *Romanos 8:38, 39*

Cuanto más sufrimos por Cristo, tanto más Dios nos colmará de su consuelo por medio de Cristo. *2 Corintios 1:5*

Corrección de Dios

¡Considera la alegría de aquellos a quienes Dios corrige! Cuando peques, no menosprecies la disciplina del Todopoderoso. Pues aunque él hiere, también venda las heridas; él golpea, pero sus manos también sanan. *Job 5:17, 18*

Felices aquellos a quienes tú disciplinas, Señor, aquellos a los que les enseñas tus instrucciones. Los alivias en tiempos difíciles hasta que se cave un pozo para capturar a los malvados. *Salmo 94:12, 13*

El Señor corrige a los que ama, tal como un padre corrige al hijo que es su deleite. *Proverbios 3:12*

Cuando el Señor nos juzga, nos está disciplinando para que no seamos condenados junto con el mundo. *1 Corintios 11:32*

Es por esto que nunca nos damos por vencidos. Aunque nuestro cuerpo está muriéndose, nuestro espíritu va renovándose cada día.

Pues nuestras dificultades actuales son pequeñas y no durarán mucho tiempo. Sin embargo, ¡nos producen una gloria que durará para siempre y que es de mucho más peso que las dificultades!
2 Corintios 4:16, 17

El Señor disciplina a los que ama y castiga a todo el que recibe como hijo. Al soportar esta disciplina divina, recuerden que Dios los trata como a sus propios hijos. ¿Acaso alguien oyó hablar de un hijo que nunca fue disciplinado por su padre? *Hebreos 12:6, 7*

La disciplina de Dios siempre es buena para nosotros, a fin de que participemos de su santidad. Ninguna disciplina resulta agradable a la hora de recibirla. Al contrario, ¡es dolorosa! Pero después, produce la apacible cosecha de una vida recta para los que han sido entrenados por ella. *Hebreos 12:10, 11*

Crecer en la Fe

Todos nosotros, a quienes nos ha sido quitado el velo, podemos ver y reflejar la gloria del Señor. El Señor, quien es el Espíritu, nos hace más y más parecidos a él a medida que somos transformados a su gloriosa imagen. *2 Corintios 3:18*

Hablaremos la verdad con amor y así creceremos en todo sentido hasta parecernos más y más a Cristo, quien es la cabeza de su cuerpo, que es la iglesia. Él hace que todo el cuerpo encaje perfectamente. Y cada parte, al cumplir con su función específica, ayuda a que las demás se desarrollen, y entonces todo el cuerpo crece y está sano y lleno de amor. *Efesios 4:15, 16*

Estoy seguro de que Dios, quien comenzó la buena obra en ustedes, la continuará hasta que quede completamente terminada el día que Cristo Jesús vuelva. *Filipenses 1:6*

Como bebés recién nacidos, deseen con ganas la leche espiritual pura para que crezcan a una experiencia plena de la salvación. Pidan a gritos ese alimento nutritivo ahora que han probado la bondad del Señor. Ahora ustedes se acercan a Cristo, quien es la piedra viva principal del templo de Dios. La gente lo rechazó, pero Dios lo eligió para darle gran honra. Y ustedes son las piedras vivas con las cuales

Dios edifica su templo espiritual. Además, son sacerdotes santos. Por la mediación de Jesucristo, ustedes ofrecen sacrificios espirituales que agradan a Dios. *1 Pedro 2:2-5*

Debido a su gloria y excelencia, nos ha dado grandes y preciosas promesas. Estas promesas hacen posible que ustedes participen de la naturaleza divina y escapen de la corrupción del mundo, causada por los deseos humanos. En vista de todo esto, esfuércense al máximo por responder a las promesas de Dios complementando su fe con una abundante provisión de excelencia moral; la excelencia moral, con conocimiento; el conocimiento, con control propio; el control propio, con perseverancia; la perseverancia, con sumisión a Dios; la sumisión a Dios, con afecto fraternal, y el afecto fraternal, con amor por todos. Cuanto más crezcan de esta manera, más productivos y útiles serán en el conocimiento de nuestro Señor Jesucristo. *2 Pedro 1:4-8*

Crecer en la Gracia

Los justos siguen avanzando, y los de manos limpias se vuelven cada vez más fuertes. *Job 17:9*

El Señor llevará a cabo los planes que tiene para mi vida, pues tu fiel amor, oh Señor, permanece para siempre. No me abandones, porque tú me creaste. *Salmo 138:8*

El camino de los justos es como la primera luz del amanecer, que brilla cada vez más hasta que el día alcanza todo su esplendor. *Proverbios 4:18*

Cuando producen mucho fruto, demuestran que son mis verdaderos discípulos. Eso le da mucha gloria a mi Padre. *Juan 15:8*

Todos nosotros, a quienes nos ha sido quitado el velo, podemos ver y reflejar la gloria del Señor. El Señor, quien es el Espíritu, nos hace más y más parecidos a él a medida que somos transformados a su gloriosa imagen. *2 Corintios 3:18*

Le pido a Dios que el amor de ustedes desborde cada vez más y que sigan creciendo en conocimiento y entendimiento. *Filipenses 1:9*

Que estén siempre llenos del fruto de la salvación, es decir, el carácter justo que Jesucristo produce en su vida, porque esto traerá mucha gloria y alabanza a Dios. *Filipenses 1:11*

Avanzo hasta llegar al final de la carrera para recibir el premio celestial al cual Dios nos llama por medio de Cristo Jesús. Que todos los que son espiritualmente maduros estén de acuerdo en estas cosas. Si ustedes difieren en algún punto, estoy seguro de que Dios se lo hará entender; pero debemos aferrarnos al avance que ya hemos logrado. *Filipenses 3:14-16*

Esa misma Buena Noticia que llegó a ustedes ahora corre por todo el mundo. Da fruto en todas partes mediante el cambio de vida que produce, así como les cambió la vida a ustedes desde el día que oyeron y entendieron por primera vez la verdad de la maravillosa gracia de Dios. *Colosenses 1:6*

Amados hermanos, les rogamos en el nombre del Señor Jesús que vivan de una manera que le agrada a Dios, tal como les enseñamos. Ustedes ya viven de esta manera, y los animamos a que lo sigan haciendo aún más. *1 Tesalonicenses 4:1*

No podemos más que agradecerle a Dios por ustedes, porque su fe está floreciendo, y el amor de unos por otros, creciendo.
2 Tesalonicenses 1:3

Creer

¿Cómo que "si puedo"? —preguntó Jesús. Todo es posible si uno cree. *Marcos 9:23*

A todos los que creyeron en él y lo recibieron, les dio el derecho de llegar a ser hijos de Dios. Ellos nacen de nuevo, no mediante un nacimiento físico como resultado de la pasión o de la iniciativa humana, sino por medio de un nacimiento que proviene de Dios.
Juan 1:12, 13

Dios amó tanto al mundo que dio a su único Hijo, para que todo el que crea en él no se pierda, sino que tenga vida eterna. *Juan 3:16*

No hay condenación para todo el que cree en él, pero todo el que no cree en él ya ha sido condenado por no haber creído en el único Hijo de Dios. *Juan 3:18*

Los que creen en el Hijo de Dios tienen vida eterna. Los que no obedecen al Hijo nunca tendrán vida eterna, sino que permanecen bajo la ira del juicio de Dios. *Juan 3:36*

Jesús les respondió: Yo soy el pan de vida. El que viene a mí nunca volverá a tener hambre; el que cree en mí no tendrá sed jamás. Pero ustedes no han creído en mí, a pesar de que me han visto. *Juan 6:35*

Les digo la verdad, todo el que cree, tiene vida eterna. *Juan 6:47*

Yo he venido como una luz para brillar en este mundo de oscuridad, a fin de que todos los que pongan su confianza en mí no queden más en la oscuridad. *Juan 12:46*

Jesús le dijo: Tú crees porque me has visto, benditos los que creen sin verme. *Juan 20:29*

De él dan testimonio todos los profetas cuando dicen que a todo el que cree en él se le perdonarán los pecados por medio de su nombre. *Hechos 10:43*

Ellos le contestaron: Cree en el Señor Jesús y serás salvo, junto con todos los de tu casa. *Hechos 16:31*

Dios se lo advirtió en las Escrituras cuando dijo: Pongo en Jerusalén una piedra que hace tropezar a muchos, una roca que los hace caer. Pero todo el que confíe en él jamás será avergonzado. *Romanos 9:33*

Como dicen las Escrituras: Pongo en Jerusalén una piedra principal, elegida para gran honra, y todo el que confíe en él jamás será avergonzado. *1 Pedro 2:6*

Cuidado de Dios

Cuando hayas comido hasta quedar satisfecho, asegúrate de alabar al Señor tu Dios por la buena tierra que te ha dado. Deuteronomio 8:10

Acuérdate del Señor tu Dios. Él es quien te da las fuerzas para obtener riquezas, a fin de cumplir el pacto que les confirmó a tus antepasados mediante un juramento. *Deuteronomio 8:18*

Tuyos, oh Señor, son la grandeza, el poder, la gloria, la victoria y la majestad. Todo lo que hay en los cielos y en la tierra es tuyo, oh Señor, y este es tu reino. Te adoramos como el que está por sobre todas las cosas. La riqueza y el honor solo vienen de ti, porque tú gobiernas todo. El poder y la fuerza están en tus manos, y según tu criterio la gente llega a ser poderosa y recibe fuerzas.
1 Crónicas 29:11, 12

El Señor es mi pastor; tengo todo lo que necesito. *Salmo 23:1*

Dios es mi ayudador; ¡el Señor me mantiene con vida! *Salmo 54:4*

Él es nuestro Dios. Somos el pueblo que él vigila, el rebaño a su cuidado. ¡Si tan solo escucharan hoy su voz! *Salmo 95:7*

El Señor los guiará continuamente, les dará agua cuando tengan sed y restaurará sus fuerzas. Serán como un huerto bien regado, como un manantial que nunca se seca. *Isaías 58:11*

Por eso les digo que no se preocupen por la vida diaria, si tendrán suficiente alimento y bebida, o suficiente ropa para vestirse. ¿Acaso no es la vida más que la comida y el cuerpo más que la ropa? Miren los pájaros. No plantan ni cosechan ni guardan comida en graneros, porque el Padre celestial los alimenta. ¿Y no son ustedes para él mucho más valiosos que ellos? *Mateo 6:25, 26*

Dios proveerá con generosidad todo lo que necesiten. Entonces siempre tendrán todo lo necesario y habrá bastante de sobra para compartir con otros. *2 Corintios 9:8*

Este mismo Dios quien me cuida suplirá todo lo que necesiten, de las gloriosas riquezas que nos ha dado por medio de Cristo Jesús.
Filipenses 4:19

Culpa

Dios no arrasa con nuestra vida, sino que idea la manera de traernos de regreso cuando hemos estado separados de él. *2 Samuel 14:14*

El Señor su Dios es bondadoso y misericordioso. Si ustedes se vuelven a él, él no seguirá apartando su rostro de ustedes.
2 Crónicas 30:9

Tú eres Dios de perdón, bondadoso y misericordioso, lento para enojarte y rico en amor inagotable. *Nehemías 9:17*

¡Qué alegría para aquellos a quienes el Señor les borró la culpa de su cuenta, los que llevan una vida de total transparencia! *Salmo 32:2*

Llevó nuestros pecados tan lejos de nosotros como está el oriente del occidente. *Salmo 103:12*

Señor, si llevaras un registro de nuestros pecados, ¿quién, oh Señor, podría sobrevivir? Pero tú ofreces perdón, para que aprendamos a temerte. *Salmo 130:3, 4*

Yo, sí, yo solo, borraré tus pecados por amor a mí mismo y nunca volveré a pensar en ellos. *Isaías 43:25*

Que los malvados cambien sus caminos y alejen de sí hasta el más mínimo pensamiento de hacer el mal. Que se vuelvan al Señor, para que les tenga misericordia. Sí, vuélvanse a nuestro Dios, porque él perdonará con generosidad. *Isaías 55:7*

Yo soy misericordioso. No estaré enojado contigo para siempre. Sólo reconoce tu culpa. *Jeremías 3:12, 13*

Perdonaré sus maldades y nunca más me acordaré de sus pecados.
Jeremías 31:34

Los limpiaré de sus pecados contra mí y perdonaré todos sus pecados de rebelión. *Jeremías 33:8*

El Señor, nuestro Dios, es misericordioso y perdonador, a pesar de habernos rebelado contra él. *Daniel 9:9*

No hay condenación para todo el que cree en él, pero todo el que no cree en él ya ha sido condenado por no haber creído en el único Hijo de Dios.
Juan 3:18

Ustedes fueron limpiados; fueron hechos santos; fueron hechos justos ante Dios al invocar el nombre del Señor Jesucristo y por el Espíritu de nuestro Dios.
1 Corintios 6:11

Todo el que pertenece a Cristo se ha convertido en una persona nueva. La vida antigua ha pasado; ¡una nueva vida ha comenzado!
2 Corintios 5:17

Gracias a Cristo y a nuestra fe en él, podemos entrar en la presencia de Dios con toda libertad y confianza.
Efesios 3:12

Perdonaré sus maldades y nunca más me acordaré de sus pecados.
Hebreos 8:12

Si vivimos en la luz, así como Dios está en la luz, entonces tenemos comunión unos con otros, y la sangre de Jesús, su Hijo, nos limpia de todo pecado.
1 Juan 1:7

Si confesamos nuestros pecados a Dios, él es fiel y justo para perdonarnos nuestros pecados y limpiarnos de toda maldad.
1 Juan 1:9

Les escribo a ustedes, que son hijos de Dios, porque sus pecados han sido perdonados por medio de Jesús.
1 Juan 2:12

Aun si nos sentimos culpables, Dios es superior a nuestros sentimientos y él lo sabe todo.
1 Juan 3:20

Debilidad

Busquen al Señor y su fuerza, búsquenlo continuamente.
1 Crónicas 16:11

Pronto los perversos desaparecerán; por más que los busques, no los encontrarás. Los humildes poseerán la tierra y vivirán en paz y prosperidad.
Salmo 37:10, 11

Él me rescata y me mantiene a salvo de la batalla que se libra en mi contra, aunque muchos todavía se me oponen. *Salmo 55:18*

Dios ha hablado con claridad, y yo lo he oído muchas veces: el poder, oh Dios, te pertenece a ti. *Salmo 62:11*

Él siente compasión por los débiles y los necesitados, y los rescatará. *Salmo 72:13*

Solo tú sabes qué camino debo tomar. Vaya adonde vaya, mis enemigos me han tendido trampas. *Salmo 142:3*

El Señor sostiene a los humildes, pero derriba a los perversos y los hace morder el polvo. *Salmo 147:6*

El Alto y Majestuoso que vive en la eternidad, el Santo, dice: Yo vivo en el lugar alto y santo con los de espíritu arrepentido y humilde. Restauro el espíritu destrozado del humilde y reavivo el valor de los que tienen un corazón arrepentido. *Isaías 57:15*

¡El Señor Soberano es mi fuerza! Él me da pie firme como al venado capaz de pisar sobre las alturas. *Habacuc 3:19*

¡Señor, no hay nadie como tú! Pues eres grande y tu nombre está lleno de poder. *Jeremías 10:6*

Cada vez él me dijo: Mi gracia es todo lo que necesitas; mi poder actúa mejor en la debilidad. Así que ahora me alegra jactarme de mis debilidades, para que el poder de Cristo pueda actuar a través de mí. *2 Corintios 12:9*

Pido en oración que, de sus gloriosos e inagotables recursos, los fortalezca con poder en el ser interior por medio de su Espíritu. *Efesios 3:16*

Depresión

Haré pasar delante de ti toda mi bondad y delante de ti proclamaré mi nombre, Yahveh. Pues tendré misericordia de quien yo quiera y mostraré compasión con quien yo quiera. *Éxodo 33:19*

No temas ni te desalientes, porque el propio Señor irá delante de ti. Él estará contigo; no te fallará ni te abandonará. *Deuteronomio 31:8*

Su ira dura solo un instante, ¡pero su favor perdura toda una vida! El llanto podrá durar toda la noche, pero con la mañana llega la alegría.
Salmo 30:5

¿Por qué estoy desanimado? ¿Por qué está tan triste mi corazón? ¡Pondré mi esperanza en Dios! Nuevamente lo alabaré, ¡mi Salvador y mi Dios! *Salmo 42:11*

Todos tus mandatos son confiables. Protégeme de aquellos que me persiguen sin causa. *Salmo 119:86*

Regresarán los que han sido rescatados por el Señor; entrarán cantando a Jerusalén, coronados de gozo eterno, estarán llenos de regocijo y de alegría; desaparecerán el luto y la tristeza. *Isaías 35:10*

¿Puede una madre olvidar a su niño de pecho? ¿Puede no sentir amor por el niño al que dio a luz? Pero aun si eso fuera posible, yo no los olvidaría a ustedes. *Isaías 49:15*

En un estallido de enojo aparté de ti mi rostro por un poco de tiempo. Pero con amor eterno tendré compasión de ti, dice el Señor, tu Redentor. *Isaías 54:8*

Las jóvenes danzarán de alegría y los hombres, jóvenes y viejos, se unirán a la celebración. Convertiré su duelo en alegría. Los consolaré y cambiaré su aflicción en regocijo. *Jeremías 31:13*

Dios bendice a los que lloran, porque serán consolados. *Mateo 5:4*

Debido a nuestra fe, Cristo nos hizo entrar en este lugar de privilegio inmerecido en el cual ahora permanecemos, y esperamos con confianza y alegría participar de la gloria de Dios. *Romanos 5:2*

Esa esperanza no acabará en desilusión. Pues sabemos con cuánta ternura nos ama Dios, porque nos ha dado el Espíritu Santo para llenar nuestro corazón con su amor. *Romanos 5:5*

Pido a Dios, que los llene completamente de alegría y paz, porque confían en él. Entonces rebosarán de una esperanza segura mediante el poder del Espíritu Santo. *Romanos 15:13*

Desesperanza

Dios es nuestro refugio y nuestra fuerza; siempre está dispuesto a ayudar en tiempos de dificultad. *Salmo 46:1*

El Señor es bueno. Su amor inagotable permanece para siempre, y su fidelidad continúa de generación en generación. *Salmo 100:5*

¡Señor, sostenme como prometiste para que viva! No permitas que se aplaste mi esperanza. *Salmo 119:116*

Él da poder a los indefensos y fortaleza a los débiles. *Isaías 40:29*

Mi misericordia y mi justicia ya se acercan, mi salvación viene en camino. *Isaías 51:5*

Mi salvación permanece para siempre; mi reinado de justicia nunca tendrá fin. *Isaías 51:6*

¡Oh Señor Soberano! Hiciste los cielos y la tierra con tu mano fuerte y tu brazo poderoso. ¡Nada es demasiado difícil para ti! *Jeremías 32:17*

Vendaré a las heridas y fortaleceré a las débiles. *Ezequiel 34:16*

Te agradezco y te alabo, Dios de mis antepasados, porque me has dado sabiduría y fortaleza. *Daniel 2:23*

El Señor dice: Ustedes que aún quedan en la tierra, sean fuertes. Así que ahora, ¡manos a la obra!, porque yo estoy con ustedes, dice el Señor de los Ejércitos Celestiales. *Hageo 2:4*

Pido que les inunde de luz el corazón, para que puedan entender la esperanza segura que él ha dado a los que llamó, es decir, su pueblo santo, quienes son su rica y gloriosa herencia. *Efesios 1:18*

Pero el Señor es fiel; él los fortalecerá y los protegerá del maligno.
2 Tesalonicenses 3:3

No desechen la firme confianza que tienen en el Señor. ¡Tengan presente la gran recompensa que les traerá! *Hebreos 10:35*

Dios bendice a los que soportan con paciencia las pruebas y las tentaciones, porque después de superarlas, recibirán la corona de vida que Dios ha prometido a quienes lo aman. *Santiago 1:12*

Desilusión

Señor, tú conoces las esperanzas de los indefensos; ciertamente escucharás sus clamores y los consolarás. *Salmo 10:17*

Yo confío en ti, oh Señor. *Salmo 31:14*

El Señor vela por los que le temen, por aquellos que confían en su amor inagotable. *Salmo 33:18*

Oh pueblo mío, confía en Dios en todo momento; dile lo que hay en tu corazón, porque él es nuestro refugio. *Salmo 62:8*

Si no hubiera confesado el pecado de mi corazón, mi Señor no me habría escuchado. ¡Pero Dios escuchó! Él prestó oídos a mi oración.
Salmo 66:18, 19

El Señor está cerca de todos los que lo invocan, sí, de todos los que lo invocan de verdad. *Salmo 145:18*

Si dos de ustedes se ponen de acuerdo aquí en la tierra con respecto a cualquier cosa que pidan, mi Padre que está en el cielo la hará.
Mateo 18:19

Ustedes pueden orar por cualquier cosa y si creen que la han recibido, será suya. *Marcos 11:24*

Si ustedes permanecen en mí y mis palabras permanecen en ustedes, pueden pedir lo que quieran, ¡y les será concedido! *Juan 15:7*

Sabemos que Dios hace que todas las cosas cooperen para el bien de quienes lo aman y son llamados según el propósito que él tiene para ellos. *Romanos 8:28*

Y ahora, que toda la Gloria sea para Dios, quien puede lograr mucho más de lo que pudiéramos pedir o incluso imaginar mediante su gran poder, que actúa en nosotros. *Efesios 3:20*

No tienen lo que desean porque no se lo piden a Dios. Aun cuando se lo piden, tampoco lo reciben porque lo piden con malas intenciones: desean solamente lo que les dará placer. *Santiago 4:2-3*

Desobediencia

Hazme andar por el camino de tus mandatos, porque allí es donde encuentro mi felicidad. *Salmo 119:35*

Yo solía desviarme, hasta que me disciplinaste; pero ahora sigo de cerca tu palabra. *Salmo 119:67*

¡Qué feliz es el que teme al Señor, todo el que sigue sus caminos! *Salmo 128:1*

Todo el que escucha mi enseñanza y la sigue es sabio, como la persona que construye su casa sobre una roca sólida. *Mateo 7:24*

El Hijo del Hombre vendrá con sus ángeles en la gloria de su Padre y juzgará a cada persona de acuerdo con sus acciones. *Mateo 16:27*

Jesús respondió: Pero aún más bendito es todo el que escucha la palabra de Dios y la pone en práctica. *Lucas 11:28*

Todo el que quiera hacer la voluntad de Dios sabrá si lo que enseño proviene de Dios o solo hablo por mi propia cuenta. *Juan 7:17*

Jesús le dijo a la gente que creyó en él: Ustedes son verdaderamente mis discípulos si se mantienen fieles a mis enseñanzas; y conocerán la verdad, y la verdad los hará libres. *Juan 8:31, 32*

Jesús dijo: Todos los que me aman harán lo que yo diga. Mi Padre los amará, y vendremos para vivir con cada uno de ellos. *Juan 14:23*

Cuando obedecen mis mandamientos, permanecen en mi amor, así como yo obedezco los mandamientos de mi Padre y permanezco en su amor. *Juan 15:10*

Si miras atentamente en la ley perfecta que te hace libre y la pones en práctica y no olvidas lo que escuchaste, entonces Dios te bendecirá por tu obediencia. *Santiago 1:25*

Los que obedecen la palabra de Dios demuestran verdaderamente cuánto lo aman. Así es como sabemos que vivimos en él. *1 Juan 2:5*

Dinero

Acuérdate del Señor tu Dios. Él es quien te da las fuerzas para obtener riquezas, a fin de cumplir el pacto que les confirmó a tus antepasados mediante un juramento. *Deuteronomio 8:18*

Él rescata a los pobres de las palabras hirientes de los fuertes y los rescata de las garras de los poderosos; por fin los pobres tienen esperanza. *Job 5:15, 16*

Por medio del sufrimiento, él rescata a los que sufren, pues capta su atención mediante la adversidad. *Job 36:15*

Aquellos que pasen necesidad no quedarán olvidados para siempre; las esperanzas del pobre no siempre serán aplastadas. *Salmo 9:18*

El Señor responde: He visto violencia contra los indefensos y he oído el gemir de los pobres. Ahora me levantaré para rescatarlos como ellos anhelaron que hiciera. *Salmo 12:5*

Es mejor ser justo y tener poco que ser malvado y rico. *Salmo 37:16*

¡Qué alegría hay para los que tratan bien a los pobres! El Señor los rescata cuando están en apuros. *Salmo 41:1*

Las riquezas no servirán para nada en el día del juicio, pero la vida recta puede salvarte de la muerte. *Proverbios 11:4*

El que confía en su dinero se hundirá, pero los justos reverdecen como las hojas en primavera. *Proverbios 11:28*

Hay quienes son pobres y se hacen pasar por ricos; hay otros que, siendo ricos, se hacen pasar por pobres. *Proverbios 13:7*
Más vale tener poco, con el temor del Señor, que tener grandes tesoros y vivir llenos de angustia. *Proverbios 15:16*

Los que se burlan del pobre insultan a su Creador; los que se alegran de la desgracia de otros serán castigados. *Proverbios 17:5*

El rico y el pobre tienen esto en común: a ambos los hizo el Señor. *Proverbios 22:2*

La persona que saca ventaja oprimiendo al pobre, o llenando de regalos al rico, terminará en la pobreza. *Proverbios 22:16*

No le robes al pobre tan solo porque puedes hacerlo, ni saques provecho de los necesitados en la corte. *Proverbios 22:22*

No te desgastes tratando de hacerte rico. Sé lo suficientemente sabio para saber cuándo detenerte. Las riquezas desaparecen en un abrir y cerrar de ojos, porque les saldrán alas y se irán volando como las águilas. *Proverbios 23:4, 5*

Es mejor ser pobre y honesto que ser rico y deshonesto. *Proverbios 28:6*

La persona digna de confianza obtendrá gran recompensa, pero el que quiera enriquecerse de la noche a la mañana, se meterá en problemas. *Proverbios 28:20*

Los avaros tratan de hacerse ricos de la noche a la mañana, pero no se dan cuenta de que van directo a la pobreza. *Proverbios 28:22*

Es mejor tener un puñado con tranquilidad que tener dos puñados con mucho esfuerzo y perseguir el viento. *Eclesiastés 4:6*

Los que aman el dinero nunca tendrán suficiente. ¡Qué absurdo es pensar que las riquezas traen verdadera felicidad! *Eclesiastés 5:10*

La gente trabajadora siempre duerme bien, coma mucho o coma poco; pero los ricos rara vez tienen una buena noche de descanso. He notado otro gran problema bajo el sol: acaparar riquezas perjudica al que ahorra. Se invierte dinero en negocios arriesgados que fracasan, y entonces todo se pierde. A fin de cuentas, no queda nada para dejarles a los hijos. *Eclesiastés 5:12-14*

Escúchenme, amados hermanos. ¿No eligió Dios a los pobres de este mundo para que sean ricos en fe? ¿No son ellos los que heredarán el reino que Dios prometió a quienes lo aman? *Santiago 2:5*

Enséñales a los ricos de este mundo que no sean orgullosos ni que confíen en su dinero, el cual es tan inestable. Deberían depositar su confianza en Dios, quien nos da en abundancia todo lo que necesitamos para que lo disfrutemos. Diles que usen su dinero para hacer el bien. Deberían ser ricos en buenas acciones, generosos con los que pasan necesidad y estar siempre dispuestos a compartir con otros. De esa manera, al hacer esto, acumularán su tesoro como un buen fundamento para el futuro, a fin de poder experimentar lo que es la vida verdadera. *1 Timoteo 6:17-19*

Disciplina

Felices aquellos a quienes tú disciplinas, Señor, aquellos a los que les enseñas tus instrucciones. Los alivias en tiempos difíciles hasta que se cave un pozo para capturar a los malvados. El Señor no rechazará a su pueblo, no abandonará a su posesión más preciada.
Salmo 94:12-14

Hijo mío, no rechaces la disciplina del Señor ni te enojes cuando te corrige. Pues el Señor corrige a los que ama, tal como un padre corrige al hijo que es su deleite. *Proverbios 3:11, 12*

Su mandato es una lámpara y su instrucción es una luz; su disciplina correctiva. *Proverbios 6:23*

Quienes no emplean la vara de disciplina odian a sus hijos. Los que en verdad aman a sus hijos se preocupan lo suficiente para disciplinarlos. *Proverbios 13:24*

Yo estoy contigo y te salvaré, dice el Señor. Te disciplinaré, pero con justicia; no puedo dejarte sin castigo. *Jeremías 30:11*

Cuando el Señor nos juzga, nos está disciplinando para que no seamos condenados junto con el mundo. *1 Corintios 11:32*

La disciplina de Dios siempre es buena para nosotros, a fin de que participemos de su santidad. *Hebreos 12:10*

Ninguna disciplina resulta agradable a la hora de recibirla. Al contrario, ¡es dolorosa! Pero después, produce la apacible cosecha de una vida recta para los que han sido entrenados por ella.
Hebreos 12:11

Yo corrijo y disciplino a todos los que amo. Por lo tanto, sé diligente y arrepiéntete de tu indiferencia. *Apocalipsis 3:19*

Duda

Pero el Señor redimirá a los que le sirven; ninguno que se refugie en él será condenado. *Salmo 34:22*

Espera en el Señor; porque en el Señor hay amor inagotable; su redención sobreabunda. *Salmo 130:7*

Quiero que tengan compasión, no que ofrezcan sacrificios. Pues no he venido a llamar a los que se creen justos, sino a los que saben que son pecadores. *Mateo 9:13*

A todos los que creyeron en él y lo recibieron, les dio el derecho de llegar a ser hijos de Dios. *Juan 1:12*

No hay condenación para todo el que cree en él, pero todo el que no cree en él ya ha sido condenado por no haber creído en el único Hijo de Dios. *Juan 3:18*

Jesús le dijo: Yo soy la resurrección y la vida. El que cree en mí vivirá aun después de haber muerto. Todo el que vive en mí y cree en mí jamás morirá. *Juan 11:25, 26*

Pero estas se escribieron para que ustedes continúen creyendo que Jesús es el Mesías, el Hijo de Dios, y para que, al creer en él, tengan vida por el poder de su nombre. *Juan 20:31*

Todos hemos pecado; nadie puede alcanzar la meta gloriosa establecida por Dios. Sin embargo, Dios nos declara justos gratuita y bondadosamente por medio de Cristo Jesús, quien nos liberó del castigo de nuestros pecados. *Romanos 3:23, 24*

La gente no es considerada justa por sus acciones sino por su fe en Dios, quien perdona a los pecadores. *Romanos 4:5*

Él fue entregado a la muerte por causa de nuestros pecados, y resucitado para hacernos justos a los ojos de Dios. *Romanos 4:25*

Es Dios quien decide tener misericordia. No depende de nuestro deseo ni de nuestro esfuerzo. *Romanos 9:16*

Todos los que declaran que Jesús es el Hijo de Dios, Dios vive en ellos y ellos en Dios. *1 Juan 4:15*

Duelo

Los indefensos depositan su confianza en ti; tú defiendes a los huérfanos. *Salmo 10:14*

Has permitido que sufra muchas privaciones, pero volverás a darme vida y me levantarás de las profundidades de la tierra. Me restaurarás incluso a mayor honor y me consolarás una vez más. *Salmo 71:20, 21*

Al Señor le conmueve profundamente la muerte de sus amados. *Salmo 116:15*

Lloro con tristeza; aliéntame con tu palabra. *Salmo 119:28*

Tu promesa renueva mis fuerzas; me consuela en todas mis dificultades. *Salmo 119:50*

Ahora deja que tu amor inagotable me consuele, tal como le prometiste a este siervo tuyo. *Salmo 119:76*

Cuando pases por aguas profundas, yo estaré contigo. Cuando pases por ríos de dificultad, no te ahogarás. Cuando pases por el fuego de la opresión, no te quemarás; las llamas no te consumirán. *Isaías 43:2*

Cuando todo esté listo, volveré para llevarlos, para que siempre estén conmigo donde yo estoy. Y ustedes conocen el camino que lleva adonde voy. *Juan 14:3*

Y ahora, amados hermanos, queremos que sepan lo que sucederá con los creyentes que han muerto, para que no se entristezcan como los que no tienen esperanza. Pues, ya que creemos que Jesús murió y resucitó, también creemos que cuando Jesús vuelva, Dios traerá junto con él a los creyentes que hayan muerto. *1 Tesalonicenses 4:13, 14*

Oí una fuerte voz que salía del trono y decía: ¡Miren, el hogar de Dios ahora está entre su pueblo! Él vivirá con ellos, y ellos serán su pueblo. Dios mismo estará con ellos. Él les secará toda lágrima de los ojos, y no habrá más muerte ni tristeza ni llanto ni dolor. Todas esas cosas ya no existirán más. *Apocalipsis 21:3, 4*

Enemigos

¡Pues el Señor su Dios va con ustedes! ¡Él peleará por ustedes contra sus enemigos y les dará la victoria! *Deuteronomio 20:4*

El Señor vencerá a tus enemigos cuando te ataquen. ¡Saldrán a atacarte de una sola dirección, pero se dispersarán por siete! *Job 5:20, 21*

Te salvará de la muerte en tiempo de hambre y del poder de la espada en tiempo de guerra. Estarás seguro ante la calumnia. *Deuteronomio 28:7*

Los que te odian se vestirán de vergüenza, y el hogar de los malvados será destruido. *Job 8:22*

El me ocultará allí cuando vengan dificultades; me esconderá en su santuario. Me pondrá en una roca alta donde nadie me alcanzará. Entonces mantendré mi cabeza en alto, por encima de los enemigos que me rodean. En su santuario ofreceré sacrificios con gritos de alegría, y con música cantaré y alabaré al Señor. *Salmo 27:5, 6*

El Señor los ayuda, los rescata de los malvados. Él salva a los justos, y ellos encuentran refugio en él. *Salmo 37:40*

Con la ayuda de Dios, haremos cosas poderosas, pues él pisoteará a nuestros enemigos. *Salmo 60:12*

¡Ustedes, los que aman al Señor, odien el mal! Él protege la vida de sus justos y los rescata del poder de los perversos. *Salmo 97:10*

Tienen confianza y viven sin temor, y pueden enfrentar triunfantes a sus enemigos. *Salmo 112:8*

Así es, el Señor está de mi parte; él me ayudará; miraré triunfante a los que me odian. *Salmo 125:3*

Los perversos no gobernarán la tierra de los justos, porque entonces los justos podrían ser tentados a hacer el mal. *Salmo 118:7*

No hay por qué temer la calamidad repentina ni la destrucción que viene sobre los perversos, porque el Señor es tu seguridad. Él cuidará que tu pie no caiga en una trampa. *Proverbios 3:25, 26*

Cuando la vida de alguien agrada al Señor, hasta sus enemigos están en paz con él. *Proverbios 16:7*

¿Ves? Todos tus furiosos enemigos están allí tendidos, confundidos y humillados. Todo el que se te oponga morirá y quedará en la nada. Buscarás en vano a los que trataron de conquistarte. Los que te ataquen quedarán en la nada. *Isaías 41:11, 12*

Si alguna nación viniera para atacarte, no será porque yo la haya enviado; todo el que te ataque caerá derrotado. *Isaías 54:15*

Ningún arma que te ataque triunfará. Silenciarás cuanta voz se levante para acusarte. Estos beneficios los disfrutan los siervos del Señor; yo seré quien los reivindique. ¡Yo, el Señor, he hablado!
Isaías 54:17

Te libraré de aquellos a quienes tanto temes. Como has confiado en mí, te daré tu vida como recompensa; te rescataré y te mantendré seguro. ¡Yo, el Señor, he hablado! *Jeremías 39:17, 18*

Ahora seremos rescatados de nuestros enemigos y de todos los que nos odian. *Lucas 1:71*

Hemos sido rescatados de nuestros enemigos para poder servir a Dios sin temor. *Lucas 1:74*

¿Acaso no creen que Dios hará justicia a su pueblo escogido que clama a él día y noche? ¿Seguirá aplazando su respuesta? *Lucas 18:7*

Yo estoy contigo, y nadie te atacará ni te hará daño, porque mucha gente de esta ciudad me pertenece. *Hechos 18:10*

Podemos decir con toda confianza: El Señor es quien me ayuda, por tanto, no temeré. ¿Qué me puede hacer un simple mortal?
Hebreos 13:6

Enfermedad

Sirve solamente al Señor tu Dios. Si lo haces, yo te bendeciré con alimento y agua, y te protegeré de enfermedades. No habrá en tu tierra ninguna mujer que pierda su embarazo o sea estéril; te daré una vida larga y plena. *Éxodo 23:25, 26*

Tú, oh Señor, eres un escudo que me rodea; eres mi gloria, el que sostiene mi cabeza en alto. *Salmo 3:3*

Aun cuando yo pase por el valle más oscuro, no temeré, porque tú estás a mi lado. Tu vara y tu cayado me protegen y me confortan.
Salmo 23:4

Oh Señor, mi Dios, clamé a ti por ayuda, y me devolviste la salud.
Salmo 30:2

El Señor los atiende cuando están enfermos y les devuelve la salud.
Salmo 41:3

Puede fallarme la salud y debilitarse mi espíritu, pero Dios sigue siendo la fuerza de mi corazón; él es mío para siempre. *Salmo 73:26*

Ahora deja que tu amor inagotable me consuele, tal como le prometiste a este siervo tuyo. *Salmo 119:76*

Él fue traspasado por nuestras rebeliones y aplastado por nuestros pecados. Fue golpeado para que nosotros estuviéramos en paz; fue azotado para que pudiéramos ser sanados. *Isaías 53:5*

He visto lo que hacen, ¡pero aun así, los sanaré y los guiaré! Consolaré a los que se lamentan.
Isaías 57:18

Te devolveré la salud y sanaré tus heridas, dice el Señor, aunque te llamen desechada, es decir, "Jerusalén, de quien nadie se interesa".
Jeremías 30:17

Llegará el día en que sanaré las heridas de Jerusalén y le daré prosperidad y verdadera paz.
Jeremías 33:6

Jesús viajó por toda la región de Galilea enseñando en las sinagogas, anunciando la Buena Noticia del reino, y sanando a la gente de toda clase de enfermedades y dolencias. Las noticias acerca de él corrieron y llegaron tan lejos como Siria, y pronto la gente comenzó a llevarle a todo el que estuviera enfermo. Y él los sanaba a todos, cualquiera fuera la enfermedad o el dolor que tuvieran, o si estaban poseídos por demonios, o eran epilépticos o paralíticos.
Mateo 4:23, 24

Les demostraré que el Hijo del Hombre tiene autoridad en la tierra para perdonar pecados. Entonces Jesús miró al paralítico y dijo: ¡Ponte de pie, toma tu camilla y vete a tu casa! ¡El hombre se levantó de un salto y se fue a su casa! *Mateo 9:6, 7*

¿Creen que puedo darles la vista? Sí, Señor, le dijeron, lo creemos. Entonces él les tocó los ojos y dijo: Debido a su fe, así se hará. Entonces sus ojos se abrieron, ¡y pudieron ver! Jesús les advirtió severamente: No se lo cuenten a nadie. *Mateo 9:28-30*

¿Alguno está enfermo? Que llame a los ancianos de la iglesia, para que vengan y oren por él y lo unjan con aceite en el nombre del Señor. Una oración ofrecida con fe, sanará al enfermo, y el Señor hará que se recupere; y si ha cometido pecados, será perdonado.
Santiago 5:14, 15

Él mismo cargó nuestros pecados sobre su cuerpo en la cruz, para que nosotros podamos estar muertos al pecado y vivir para lo que es recto. Por sus heridas, ustedes son sanados. *1 Pedro 2:24*

Enojo

Tú eres Dios de perdón, bondadoso y misericordioso, lento para enojarte y rico en amor inagotable. *Nehemías 9:17*

Su ira dura solo un instante, ¡pero su favor perdura toda una vida! El llanto podrá durar toda la noche, pero con la mañana llega la alegría.
Salmo 30:5

¡Ya no sigas enojado! ¡Deja a un lado tu ira! No pierdas los estribos, que eso únicamente causa daño. *Salmo 37:8*

¿A quién tengo en el cielo sino a ti? Te deseo más que cualquier cosa en la tierra. Puede fallarme la salud y debilitarse mi espíritu, pero Dios sigue siendo la fuerza de mi corazón; él es mío para siempre.
Salmo 73:25, 26

Tú, oh Señor, eres Dios de compasión y misericordia, lento para enojarte y lleno de amor inagotable y fidelidad. *Salmo 86:15*

El Señor es misericordioso y compasivo, lento para enojarse y lleno de amor inagotable. *Salmo 145:8*

Los que se enojan fácilmente cometen locuras, y los que maquinan maldad son odiados. *Proverbios 14:17*

La respuesta apacible desvía el enojo, pero las palabras ásperas encienden los ánimos. *Proverbios 15:1*

El que pierde los estribos con facilidad provoca peleas; el que se mantiene sereno, las detiene. *Proverbios 15:18*

Mejor es ser paciente que poderoso; más vale tener control propio que conquistar una ciudad. *Proverbios 16:32*

Si pagas mal por bien, el mal nunca se irá de tu casa. *Proverbios 17:13*

Las personas sensatas no pierden los estribos; se ganan el respeto pasando por alto las ofensas. *Proverbios 19:11*

Es mejor vivir solo en el desierto que con una esposa que se queja y busca pleitos. *Proverbios 21:19*

No te hagas amigo de la gente irritable, ni te juntes con los que pierden los estribos con facilidad, porque aprenderás a ser como ellos y pondrás en peligro tu alma. *Proverbios 22:24, 25*

Si tus enemigos tienen hambre, dales de comer. Si tienen sed, dales agua para beber. Amontonarás carbones encendidos de vergüenza sobre su cabeza, y el Señor te recompensará. *Proverbios 25:21, 22*

La persona enojada comienza pleitos; el que pierde los estribos con facilidad comete todo tipo de pecados. *Proverbios 29:22*

Controla tu carácter, porque el enojo es el distintivo de los necios.
Eclesiastés 7:9

El orgullo humano será humillado, y la arrogancia humana será rebajada. Solo el Señor será enaltecido en aquel día de juicio. Los ídolos desaparecerán por completo. *Isaías 2:17, 18*

Les daré un corazón nuevo y pondré un espíritu nuevo dentro de ustedes. Les quitaré ese terco corazón de piedra y les daré un corazón tierno y receptivo. *Ezequiel 36:26*

Yo digo: aun si te enojas con alguien, ¡quedarás sujeto a juicio! Si llamas a alguien idiota, corres peligro de que te lleven ante el tribunal; y si maldices a alguien, corres peligro de caer en los fuegos del infierno. *Mateo 5:22*

Queridos amigos, nunca tomen venganza. Dejen que se encargue la justa ira de Dios. Pues dicen las Escrituras: Yo tomaré venganza; yo les pagaré lo que se merecen, dice el Señor. En cambio, Si tus enemigos tienen hambre, dales de comer. Si tienen sed, dales de beber. Al hacer eso, amontonarás carbones encendidos de vergüenza sobre su cabeza. No dejen que el mal los venza, más bien venzan el mal haciendo el bien. *Romanos 12:19-21*

La clase de fruto que el Espíritu Santo produce en nuestra vida es: amor, alegría, paz, paciencia, gentileza, bondad, fidelidad, humildad y control propio. *Gálatas 5:22, 23*

No pequen al dejar que el enojo los controle. No permitan que el sol se ponga mientras siguen enojados, porque el enojo da lugar al diablo. *Efesios 4:26, 27*

Líbrense de toda amargura, furia, enojo, palabras ásperas, calumnias y toda clase de mala conducta. Por el contrario, sean amables unos con otros, sean de buen corazón, y perdónense unos a otros, tal como Dios los ha perdonado a ustedes por medio de Cristo. *Efesios 4:31, 32*

No sean egoístas; no traten de impresionar a nadie. Sean humildes, es decir, considerando a los demás como mejores que ustedes. *Filipenses 2:3*

Ahora es el momento de eliminar el enojo, la furia, el comportamiento malicioso, la calumnia y el lenguaje sucio. *Colosenses 3:8*

Padres, no exasperen a sus hijos, para que no se desanimen. *Colosenses 3:21*

Mis amados hermanos, quiero que entiendan lo siguiente: todos ustedes deben ser rápidos para escuchar, lentos para hablar y lentos para enojarse. El enojo humano no produce la rectitud que Dios desea. *Santiago 1:19, 20*

Humíllense delante del Señor, y él los levantará con honor.
Santiago 4:10

Esperanza

Así que, ¡sean fuertes y valientes, ustedes los que ponen su esperanza en el Señor! *Salmo 31:24*

¿Por qué estoy desanimado? ¿Por qué está tan triste mi corazón? ¡Pondré mi esperanza en Dios! Nuevamente lo alabaré, ¡mi Salvador y mi Dios! *Salmo 42:11*

Oh Señor, solo tú eres mi esperanza; en ti he confiado, oh Señor, desde mi niñez. *Salmo 71:5*

Los perversos son aplastados por el desastre, pero los justos tienen un refugio cuando mueren. *Proverbios 14:32*

Tienen la firme esperanza puesta en lo que Dios les ha reservado en el cielo. Ustedes han tenido esa esperanza desde la primera vez que escucharon la verdad de la Buena Noticia. *Colosenses 1:5*

El secreto es: Cristo vive en ustedes. Eso les da la seguridad de que participarán de su gloria. *Colosenses 1:27*

Que toda la alabanza sea para Dios, el Padre de nuestro Señor Jesucristo. Es por su gran misericordia que hemos nacido de nuevo, porque Dios levantó a Jesucristo de los muertos. Ahora vivimos con gran expectación. *1 Pedro 1:3*

Pongan toda su esperanza en la salvación inmerecida que recibirán cuando Jesucristo sea revelado al mundo. *1 Pedro 1:13*

Por medio de Cristo, han llegado a confiar en Dios. Y han puesto su fe y su esperanza en Dios, porque él levantó a Cristo de los muertos y le dio una gloria inmensa. *1 Pedro 1:21*

Todos los que tienen esta gran expectativa se mantendrán puros, así como él es puro. *1 Juan 3:3*

Espíritu Santo

Este es mi pacto con ellos, dice el Señor. Mi Espíritu no los dejará, ni tampoco estas palabras que les he dado. Estarán en sus labios y en los labios de sus hijos, y de los hijos de sus hijos, para siempre. ¡Yo, el Señor, he hablado! *Isaías 59:21*

Vengan y escuchen mi consejo. Les abriré mi corazón y los haré sabios. *Proverbios 1:23*

Pondré mi Espíritu en ustedes para que sigan mis decretos y se aseguren de obedecer mis ordenanzas. *Ezequiel 36:27*

Si ustedes, gente pecadora, saben dar buenos regalos a sus hijos, cuánto más su Padre celestial dará el Espíritu Santo a quienes lo pidan. *Lucas 11:13*

Todos los que beban del agua que yo doy no tendrán sed jamás. Esa agua se convierte en un manantial que brota con frescura dentro de ellos y les da vida eterna. *Juan 4:14*

¡Todo el que crea en mí puede venir y beber! Pues las Escrituras declaran: De su corazón, brotarán ríos de agua viva. (Con la expresión 'agua viva', se refería al Espíritu, el cual se le daría a todo el que creyera en él; pero el Espíritu aún no había sido dado, porque Jesús todavía no había entrado en su gloria). *Juan 7:38, 39*

Yo le pediré al Padre, y él les dará otro Abogado Defensor, quien estará con ustedes para siempre. Me refiero al Espíritu Santo, quien guía a toda la verdad. El mundo no puede recibirlo porque no lo busca ni lo reconoce; pero ustedes sí lo conocen, porque ahora él vive con ustedes y después estará en ustedes. *Juan 14:16, 17*

Cuando venga el Espíritu de verdad, él los guiará a toda la verdad. Él no hablará por su propia cuenta, sino que les dirá lo que ha oído y les contará lo que sucederá en el futuro. *Juan 16:13*

Ustedes no han recibido un espíritu que los esclavice al miedo. En cambio, recibieron el Espíritu de Dios cuando él los adoptó como sus propios hijos. Ahora lo llamamos Abba, Padre. *Romanos 8:15*

El Espíritu Santo nos ayuda en nuestra debilidad. Por ejemplo, nosotros no sabemos qué quiere Dios que le pidamos en oración, pero el Espíritu Santo ora por nosotros con gemidos que no pueden expresarse con palabras. Y el Padre, quien conoce cada corazón, sabe lo que el Espíritu dice, porque el Espíritu intercede por nosotros, los creyentes, en armonía con la voluntad de Dios. *Romanos 8:26, 27*

El reino de Dios no se trata de lo que comemos o bebemos, sino de llevar una vida de bondad, paz y alegría en el Espíritu Santo.
Romanos 14:17

Nosotros hemos recibido el Espíritu de Dios (no el espíritu del mundo), de manera que podemos conocer las cosas maravillosas que Dios nos ha regalado. *1 Corintios 2:12*

Mediante Jesús, Dios bendijo a los gentiles con la misma bendición que le prometió a Abraham, a fin de que los creyentes pudiéramos recibir por medio de la fe al Espíritu Santo prometido. *Gálatas 3:14*
Ustedes han recibido al Espíritu Santo, y él vive dentro de cada uno de ustedes, así que no necesitan que nadie les enseñe lo que es la verdad. Pues el Espíritu les enseña todo lo que necesitan saber, y lo que él enseña es verdad, no mentira. Así que, tal como él les ha enseñado, permanezcan en comunión con Cristo. *1 Juan 2:27*

Excelencia

Yo lo escogí a fin de que él ordene a sus hijos y a sus familias que se mantengan en el camino del Señor haciendo lo que es correcto y justo. Entonces yo haré por Abraham todo lo que he prometido.
Génesis 18:19

Buscaré a personas fieles para que sean mis compañeros; solo a los que sean irreprochables se les permitirá servirme. *Salmo 101:6*

Esto responde el Señor: Si regresas a mí te restauraré para que puedas continuar sirviéndome. *Jeremías 15:19*

Ahora los rescataré y los haré símbolo y fuente de bendición.
Zacarías 8:13

Jesús los llamó: Vengan, síganme, ¡y yo les enseñaré cómo pescar personas!. *Mateo 4:19*

El que quiera ser líder entre ustedes deberá ser sirviente, y el que quiera ser el primero entre ustedes deberá convertirse en esclavo. Pues ni aun el Hijo del Hombre vino para que le sirvan, sino para servir a otros y para dar su vida en rescate por muchos.
Mateo 20:26-28

Todo el que crea en mí hará las mismas obras que yo he hecho y aún mayores, porque voy a estar con el Padre. *Juan 14:12*

Cuando producen mucho fruto, demuestran que son mis verdaderos discípulos. Eso le da mucha gloria a mi Padre. *Juan 15:8*

Hay distintas clases de dones espirituales, pero el mismo Espíritu es la fuente de todos ellos. Hay distintas formas de servir, pero todos servimos al mismo Señor. *1 Corintios 12:4, 5*

Le doy gracias a Cristo Jesús nuestro Señor, quien me ha dado fuerzas para llevar a cabo su obra. Él me consideró digno de confianza y me designó para servirlo. *1 Timoteo 1:12*

Él ha hecho de nosotros un reino de sacerdotes para Dios, su Padre.
Apocalipsis 1.6

Éxito

Te dará buenos pastizales para que se alimenten tus animales, y tendrás todo lo que quieras comer. *Deuteronomio 11:15*

Si obedeces al Señor tu Dios, recibirás las siguientes bendiciones: Tus ciudades y tus campos serán benditos. Tus hijos y tus cosechas serán benditos. Las crías de tus rebaños y manadas serán benditas. Tus canastas de fruta y tus paneras serán benditas. Vayas donde vayas y en todo lo que hagas, serás bendito. *Deuteronomio 28:2-6*

El Señor te dará prosperidad en la tierra que les juró a tus antepasados que te daría, te bendecirá con muchos hijos, gran cantidad de animales y cosechas abundantes. El Señor enviará lluvias en el tiempo oportuno desde su inagotable tesoro en los cielos y bendecirá todo tu trabajo. Tú prestarás a muchas naciones pero jamás tendrás necesidad de pedirles prestado. Si escuchas los mandatos del Señor tu Dios que te entrego hoy y los obedeces cuidadosamente, el Señor te pondrá a la cabeza y no en la cola, y siempre estarás en la cima, nunca por debajo. *Deuteronomio 28:11-13*

El Señor tu Dios te prosperará en todo lo que hagas. Te dará muchos hijos, una gran cantidad de animales y hará que tus campos produzcan cosechas abundantes, porque el Señor volverá a deleitarse en ser bondadoso contigo como lo fue con tus antepasados.
Deuteronomio 30:9

Si renuncias a tu codicia del dinero y arrojas tu precioso oro al río, el Todopoderoso será tu tesoro. ¡Él será tu plata preciosa! *Job 22:24-25*

Prosperarás en todo lo que decidas hacer y la luz brillará delante de ti en el camino. *Job 22:28*

Son como árboles plantados a la orilla de un río, que siempre dan fruto en su tiempo. Sus hojas nunca se marchitan, y prosperan en todo lo que hacen. *Salmo 1:3*

Ellos mismos serán ricos, y sus buenas acciones durarán para siempre. *Salmo 112:3*

Gozarás del fruto de tu trabajo; ¡qué feliz y próspero serás!
Salmo 128:2

Tengo riquezas y honor, así como justicia y prosperidad duraderas. ¡Mis dones son mejores que el oro, aun el oro más puro; mi paga es mejor que la plata refinada! *Proverbios 8:18, 19*

En la casa del justo hay tesoros, pero las ganancias del perverso le acarrean dificultades. *Proverbios 15:6*

La verdadera humildad y el temor del Señor conducen a riquezas, a honor y a una larga vida. *Proverbios 22:4*

La gente debería comer, beber y aprovechar el fruto de su trabajo, porque son regalos de Dios. *Eclesiastés 3:13*

Es algo bueno recibir riquezas de parte de Dios y la buena salud para disfrutarlas. Disfrutar del trabajo y aceptar lo que depara la vida son verdaderos regalos de Dios. *Eclesiastés 5:19*

El Señor te bendecirá con lluvia durante el tiempo de la siembra. Habrá cosechas maravillosas y muchos pastizales para tus animales. *Isaías 30:23*

En esos días, la gente habitará en las casas que construya y comerá del fruto de sus propios viñedos. A diferencia del pasado, los invasores no les quitarán sus casas ni les confiscarán sus viñedos. Pues mi pueblo vivirá tantos años como los árboles, y mis escogidos tendrán tiempo para disfrutar de lo adquirido con su arduo trabajo. No trabajarán en vano, y sus hijos no estarán condenados a la desgracia, porque son un pueblo bendecido por el Señor, y sus hijos también serán bendecidos. *Isaías 65:21-23*

Familia

El Señor es como un padre con sus hijos, tierno y compasivo con los que le temen. *Salmo 103:13*

¡Ciertamente tú sigues siendo nuestro Padre! Aunque Abraham y Jacob nos desheredaran, tú, Señor, seguirías siendo nuestro Padre. Tú eres nuestro Redentor desde hace siglos. *Isaías 63:16*

El Padre mismo los ama profundamente, porque ustedes me aman a mí y han creído que vine de Dios. *Juan 16:27*

No te aferres a mí, le dijo Jesús, porque todavía no he subido al Padre; pero ve a buscar a mis hermanos y diles: Voy a subir a mi Padre y al Padre de ustedes, a mi Dios y al Dios de ustedes. *Juan 20:17*

Yo seré su Padre, y ustedes serán mis hijos e hijas, dice el Señor Todopoderoso. *2 Corintios 6:18*

Ustedes son hijos de Dios por la fe en Cristo Jesús. *Gálatas 3:26*

Al soportar esta disciplina divina, recuerden que Dios los trata como a sus propios hijos. ¿Acaso alguien oyó hablar de un hijo que nunca fue disciplinado por su padre? Si Dios no los disciplina a ustedes como lo hace con todos sus hijos, quiere decir que ustedes no son verdaderamente sus hijos, sino ilegítimos. Ya que respetábamos a nuestros padres terrenales que nos disciplinaban, entonces, ¿acaso no deberíamos someternos aún más a la disciplina del Padre de nuestro espíritu, y así vivir para siempre? Pues nuestros padres terrenales nos disciplinaron durante algunos años e hicieron lo mejor que pudieron, pero la disciplina de Dios siempre es buena para nosotros, a fin de que participemos de su santidad. *Hebreos 12:7-10*

Todo lo que es bueno y perfecto es un regalo que desciende a nosotros de parte de Dios nuestro Padre, quien creó todas las luces de los cielos. Él nunca cambia ni varía como una sombra en movimiento.
Santiago 1:17

El que niega al Hijo tampoco tiene al Padre; pero el que confiesa al Hijo tiene al Padre también. *1 Juan 2:23*

Fe

Tengan fe en Dios. Les digo la verdad, ustedes pueden decir a esta montaña: "Levántate y échate al mar", y sucederá; pero deben creer de verdad que ocurrirá y no tener ninguna duda en el corazón.
Marcos 11:22, 23

Estén alerta. Permanezcan firmes en la fe. Sean valientes. Sean fuertes. *1 Corintios 16:13*

Vivimos por lo que creemos y no por lo que vemos. *2 Corintios 5:7*

Mi antiguo yo ha sido crucificado con Cristo. Ya no vivo yo, sino que Cristo vive en mí. Así que vivo en este cuerpo terrenal confiando en el Hijo de Dios, quien me amó y se entregó a sí mismo por mí.
Gálatas 2:20

Ustedes son hijos de Dios por la fe en Cristo Jesús. Y todos los que fueron unidos a Cristo en el bautismo se han puesto a Cristo como si se pusieran ropa nueva. *Gálatas 3:26, 27*

La clase de fruto que el Espíritu Santo produce en nuestra vida es: amor, alegría, paz, paciencia, gentileza, bondad, fidelidad.
Gálatas 5:22

Dios los salvó por su gracia cuando creyeron. Ustedes no tienen ningún mérito en eso; es un regalo de Dios. *Efesios 2:8*

Cristo habitará en el corazón de ustedes a medida que confíen en él. Echarán raíces profundas en el amor de Dios, y ellas los mantendrán fuertes. Espero que puedan comprender, como corresponde a todo el pueblo de Dios, cuán ancho, cuán largo, cuán alto y cuán profundo es su amor. Es mi deseo que experimenten el amor de Cristo, aun cuando es demasiado grande para comprenderlo todo. Entonces serán completos con toda la plenitud de la vida y el poder que proviene de Dios. *Efesios 3:17-19*

De la manera que recibieron a Cristo Jesús como Señor, ahora deben seguir sus pasos. Arráiguense profundamente en él y edifiquen toda la vida sobre él. Entonces la fe de ustedes se fortalecerá en la verdad que se les enseñó, y rebosarán de gratitud. *Colosenses 2:6, 7*

Tú debes permanecer fiel a las cosas que se te han enseñado. Sabes que son verdad, porque sabes que puedes confiar en quienes te las enseñaron. Desde la niñez, se te han enseñado las sagradas Escrituras, las cuales te han dado la sabiduría para recibir la salvación que viene por confiar en Cristo Jesús. *2 Timoteo 3:14, 15*

La fe es la confianza de que en verdad sucederá lo que esperamos; es lo que nos da la certeza de las cosas que no podemos ver.
Hebreos 11:1

Sin fe es imposible agradar a Dios. Todo el que desee acercarse a Dios debe creer que él existe y que él recompensa a los que lo buscan con sinceridad. *Hebreos 11:6*

Ya que estamos rodeados por una enorme multitud de testigos de la vida de fe, quitémonos todo peso que nos impida correr, especialmente el pecado que tan fácilmente nos hace tropezar. Y corramos con perseverancia la carrera que Dios nos ha puesto por delante. Esto lo hacemos al fijar la mirada en Jesús, el campeón que inicia y perfecciona nuestra fe. Debido al gozo que le esperaba, Jesús

soportó la cruz, sin importarle la vergüenza que esta representaba. Ahora está sentado en el lugar de honor, junto al trono de Dios.
Hebreos 12:1, 2

Si necesitan sabiduría, pídansela a nuestro generoso Dios, y él se la dará; no los reprenderá por pedirla. Cuando se la pidan, asegúrense de que su fe sea solamente en Dios, y no duden, porque una persona que duda tiene la lealtad dividida y es tan inestable como una ola del mar que el viento arrastra y empuja de un lado a otro. *Santiago 1:5, 6*

Fidelidad de Dios

Dios no es un hombre, por lo tanto, no miente. Él no es humano, por lo tanto, no cambia de parecer. ¿Acaso alguna vez habló sin actuar? ¿Alguna vez prometió sin cumplir? *Números 23:19*

El Señor su Dios es Dios compasivo; no los abandonará, ni los destruirá, ni se olvidará del pacto solemne que hizo con sus antepasados. *Deuteronomio 4:31*

Reconoce, por lo tanto, que el Señor tu Dios es verdaderamente Dios. Él es Dios fiel, quien cumple su pacto por mil generaciones y derrama su amor inagotable sobre quienes lo aman y obedecen sus mandatos.
Deuteronomio 7:9

Y aquel que es la Gloria de Israel, no mentirá ni cambiará de parecer porque no es humano para que cambie de parecer. *1 Samuel 15:29*

Alabado sea el Señor, quien ha dado descanso a su pueblo Israel, tal como lo prometió. No ha faltado ni una sola palabra de todas las promesas maravillosas que hizo mediante su siervo Moisés.
1 Reyes 8:56

Los que conocen tu nombre confían en ti, porque tú, oh Señor, no abandonas a los que te buscan. *Salmo 9:10*

Por nada romperé mi pacto; no retiraré ni una sola palabra que he dicho. *Salmo 89:34*

Siempre se atiene a su pacto, al compromiso que adquirió con mil generaciones. *Salmo 105:8*

Tu eterna palabra, oh Señor, se mantiene firme en el cielo. Tu fidelidad se extiende a cada generación, y perdura igual que la tierra que creaste. *Salmo 119:89, 90*

La esencia misma de tus palabras es verdad; tus justas ordenanzas permanecerán para siempre. *Salmo 119:160*

Oh Señor, honraré y alabaré tu nombre, porque tú eres mi Dios. ¡Tú haces cosas maravillosas! Las planeaste hace mucho tiempo, y ahora las has realizado. *Isaías 25:1*

He dicho lo que haría, y lo cumpliré. *Isaías 46:11*

Mi fiel amor por ti permanecerá; mi pacto de bendición nunca será roto, dice el Señor, que tiene misericordia de ti. *Isaías 54:10*

Todas las promesas de Dios se cumplieron en Cristo con un resonante ¡sí!, y por medio de Cristo, nuestro amén (que significa sí) se eleva a Dios para su gloria. *2 Corintios 1:20*

Si somos infieles, él permanece fiel, pues él no puede negar quién es. *2 Timoteo 2:13*

Mantengámonos firmes sin titubear en la esperanza que afirmamos, porque se puede confiar en que Dios cumplirá su promesa. *Hebreos 10:23*

No es que el Señor sea lento para cumplir su promesa, como algunos piensan. Al contrario, es paciente por amor. *2 Pedro 3:9*

Fracaso

No tengan miedo. Solo quédense quietos y observen cómo el Señor los rescatará hoy. Esos egipcios que ahora ven, jamás volverán a verlos. *Éxodo 14:13*

El Señor no ve las cosas de la manera en que tú las ves. La gente juzga por las apariencias, pero el Señor mira el corazón. *1 Samuel 16:7*

Mi mandato es: ¡Sé fuerte y valiente! No tengas miedo ni te desanimes, porque el Señor tu Dios está contigo dondequiera que vayas. *Josué 1:9*

Él será tu cimiento seguro, y te proveerá de una abundante reserva de salvación, sabiduría y conocimiento; el temor del Señor será tu tesoro. *Isaías 33:6*

No tengas miedo, porque yo estoy contigo; no te desalientes, porque yo soy tu Dios. Te daré fuerzas y te ayudaré; te sostendré con mi mano derecha victoriosa. *Isaías 41:10*

¿Quién eres tú para juzgar a los sirvientes de otro? Su amo dirá si quedan en pie o caen; y con la ayuda del Señor, quedarán en pie y recibirán la aprobación de él. *Romanos 14:4*

Es el Señor mismo quien me evaluará y tomará la decisión. Así que no juzguen a nadie antes de tiempo, es decir, antes de que el Señor vuelva. Pues él sacará a la luz nuestros secretos más oscuros y revelará nuestras intenciones más íntimas. Entonces Dios le dará a cada uno el reconocimiento que le corresponda. *1 Corintios 4:3-5*

Permanezcan fuertes y constantes. Trabajen siempre para el Señor con entusiasmo, porque ustedes saben que nada de lo que hacen para el Señor es inútil. *1 Corintios 15:58*

Perseverar con paciencia es lo que necesitan ahora para seguir haciendo la voluntad de Dios. Entonces recibirán todo lo que él ha prometido. *Hebreos 10:36*

Frustración

¡Ya no sigas enojado! ¡Deja a un lado tu ira! No pierdas los estribos, que eso únicamente causa daño. Pues los perversos serán destruidos, pero los que confían en el Señor poseerán la tierra. *Salmo 37:8, 9*

Toma control de lo que digo, oh Señor, y guarda mis labios.
Salmo 141:3

Dios bendice a los compasivos, porque serán tratados con compasión.
Mateo 5:7

Si un creyente peca contra ti, háblale en privado y hazle ver su falta. Si te escucha y confiesa el pecado, has recuperado a esa persona.
Mateo 18:15

El amor es paciente y bondadoso. El amor no es celoso ni fanfarrón ni orgulloso ni ofensivo. No exige que las cosas se hagan a su manera. No se irrita ni lleva un registro de las ofensas recibidas.
1 Corintios 13:4, 5

Líbrense de toda amargura, furia, enojo, palabras ásperas, calumnias y toda clase de mala conducta. Por el contrario, sean amables unos con otros, sean de buen corazón, y perdónense unos a otros, tal como Dios los ha perdonado a ustedes por medio de Cristo.
Efesios 4:31, 32

No se ocupen solo de sus propios intereses, sino también procuren interesarse en los demás.
Filipenses 2:4

En su justicia él les dará su merecido a quienes los persiguen. Y Dios les brindará descanso a ustedes que están siendo perseguidos.
2 Tesalonicenses 1:6, 7

No hablen mal los unos de los otros. Si se critican y se juzgan entre ustedes, entonces critican y juzgan la ley de Dios. En cambio, les corresponde obedecer la ley, no hacer la función de jueces. Solo Dios, quien ha dado la ley, es el Juez. Solamente él tiene el poder para salvar o destruir. Entonces, ¿qué derecho tienes tú para juzgar a tu prójimo?
Santiago 4:11, 12

Lo más importante de todo es que sigan demostrando profundo amor unos a otros, porque el amor cubre gran cantidad de pecados.
1 Pedro 4:8

Si alguno de ustedes ve que otro creyente comete un pecado que no lleva a la muerte, debe orar por él, y Dios le dará vida a esa persona.
1 Juan 5:16

Fruto

Son como árboles plantados a la orilla de un río, que siempre dan fruto en su tiempo. Sus hojas nunca se marchitan, y prosperan en todo lo que hacen. *Salmo 1:3*

Incluso en la vejez aún producirán fruto, seguirán verdes y llenos de vitalidad. *Salmo 92:14*

Vendrán a su tierra y entonarán canciones de alegría en las alturas de Jerusalén. Estarán radiantes debido a los buenos regalos del Señor: abundancia de grano, vino nuevo y aceite de oliva, y los rebaños y las manadas saludables. Su vida será como un jardín bien regado y desaparecerán todas sus tristezas. *Jeremías 31:12*

Seré para Israel como un refrescante rocío del cielo. Israel florecerá como el lirio; hundirá sus raíces profundamente en la tierra como los cedros del Líbano. *Oseas 14:5*

Yo soy la vid verdadera, y mi Padre es el labrador. Él corta de mí toda rama que no produce fruto y poda las ramas que sí dan fruto, para que den aún más. Ustedes ya han sido podados y purificados por el mensaje que les di. Permanezcan en mí, y yo permaneceré en ustedes. Pues una rama no puede producir fruto si la cortan de la vid, y ustedes tampoco pueden ser fructíferos a menos que permanezcan en mí. Ciertamente, yo soy la vid; ustedes son las ramas. Los que permanecen en mí y yo en ellos producirán mucho fruto porque, separados de mí, no pueden hacer nada. *Juan 15:1-5*

Cuanto más crezcan de esta manera, más productivos y útiles serán en el conocimiento de nuestro Señor Jesucristo. *2 Pedro 1:8*

Fuerza

El Señor le da fuerza a su pueblo; el Señor lo bendice con paz. *Salmo 29:11*

Me aferro a ti; tu fuerte mano derecha me mantiene seguro. *Salmo 63:8*

Con mi mano lo mantendré firme, con mi brazo poderoso, lo haré fuerte. *Salmo 89:21*

Dios ha venido a salvarme. Confiaré en él y no tendré temor. El Señor Dios es mi fuerza y mi canción; él me ha dado la victoria. *Isaías 12:2*

En esos días derramaré mi Espíritu aun sobre los sirvientes, hombres y mujeres por igual. *Joel 2:29*

¡Todo el que crea en mí puede venir y beber! Pues las Escrituras declaran: De su corazón, brotarán ríos de agua viva. (Con la expresión 'agua viva', se refería al Espíritu, el cual se le daría a todo el que creyera en él; pero el Espíritu aún no había sido dado, porque Jesús todavía no había entrado en su gloria). *Juan 7:38, 39*

Yo le pediré al Padre, y él les dará otro Abogado Defensor, quien estará con ustedes para siempre. Me refiero al Espíritu Santo, quien guía a toda la verdad. El mundo no puede recibirlo porque no lo busca ni lo reconoce; pero ustedes sí lo conocen, porque ahora él vive con ustedes y después estará en ustedes. *Juan 14:16, 17*

El Espíritu de Dios, quien levantó a Jesús de los muertos, vive en ustedes; y así como Dios levantó a Cristo Jesús de los muertos, él dará vida a sus cuerpos mortales mediante el mismo Espíritu, quien vive en ustedes. *Romanos 8:11*

¿No se dan cuenta de que su cuerpo es el templo del Espíritu Santo, quien vive en ustedes y les fue dado por Dios? *1 Corintios 6:19*

Toda la gloria sea para Dios, quien puede lograr mucho más de lo que pudiéramos pedir o incluso imaginar mediante su gran poder, que actúa en nosotros. *Efesios 3:20*

El Espíritu que vive en ustedes es más poderoso que el espíritu que vive en el mundo. *1 Juan 4:4*

Gozo

Nehemías continuó diciendo: Vayan y festejen con un banquete de deliciosos alimentos y bebidas dulces, y regalen porciones de comida a los que no tienen nada preparado. Este es un día sagrado delante de nuestro Señor. ¡No se desalienten ni entristezcan, porque el gozo del Señor es su fuerza! *Nehemías 8:10*

Te deleitarás en el Todopoderoso y levantarás tu mirada a Dios.
Job 22:26

Me has dado más alegría que los que tienen cosechas abundantes de grano y de vino nuevo. *Salmo 4:7*

Me mostrarás el camino de la vida, me concederás la alegría de tu presencia y el placer de vivir contigo para siempre. *Salmo 16:11*

En él se alegra nuestro corazón, porque confiamos en su santo nombre. *Salmo 33:21*

Tú me satisfaces más que un suculento banquete; te alabaré con cánticos de alegría. *Salmo 63:5*

Los justos se alegrarán en el Señor, y en él encontrarán refugio. Y los que hacen lo correcto lo alabarán. *Salmo 64:10*

Que los justos se alegren; que se gocen en la presencia de Dios; que estén llenos de alegría. *Salmo 68:3*

Felices son los que oyen el alegre llamado a la adoración, porque caminarán a la luz de tu presencia, Señor. Todo el día se alegran de tu maravillosa fama; se regocijan por tu justicia. *Salmo 89:15, 16*

Sácianos cada mañana con tu amor inagotable, para que cantemos de alegría hasta el final de nuestra vida. *Salmo 90:14*

La luz brilla sobre los justos, y la alegría sobre los de corazón recto.
Salmo 97:11

Los que siembran con lágrimas cosecharán con gritos de alegría. Lloran al ir sembrando sus semillas, pero regresan cantando cuando traen la cosecha. *Salmo 126:5, 6*

Los lanzarás al aire y el viento se los llevará; un remolino los esparcirá. Entonces te alegrarás en el Señor; te gloriarás en el Santo de Israel. *Isaías 41:16*

Regresarán los que fueron rescatados por el Señor y entrarán cantando a Jerusalén, coronados de alegría eterna. Desaparecerán el dolor y el luto y estarán llenos de gozo y de alegría. *Isaías 51:11*

Ustedes vivirán con gozo y paz. Los montes y las colinas se pondrán a cantar y los árboles de los campos aplaudirán. *Isaías 55:12*

¡Me llené de alegría en el Señor mi Dios! Pues él me vistió con ropas de salvación y me envolvió en un manto de justicia. Soy como un novio vestido para su boda o una novia con sus joyas. *Isaías 61:10*

¡Me alegraré en el Señor! ¡Me gozaré en el Dios de mi salvación!
Habacuc 3:18

Cuando obedecen mis mandamientos, permanecen en mi amor, así como yo obedezco los mandamientos de mi Padre y permanezco en su amor. Les he dicho estas cosas para que se llenen de mi gozo; así es, desbordarán de gozo. *Juan 15:10, 11*

Ahora ustedes tienen tristeza, pero volveré a verlos; entonces se alegrarán, y nadie podrá robarles esa alegría. *Juan 16:22*

Pidan en mi nombre y recibirán y tendrán alegría en abundancia.
Juan 16:24

Le pido a Dios, fuente de esperanza, que los llene completamente de alegría y paz, porque confían en él. Entonces rebosarán de una esperanza segura mediante el poder del Espíritu Santo.
Romanos 15:13

Debido al gozo que le esperaba, Jesús soportó la cruz, sin importarle la vergüenza que esta representaba. *Hebreos 12:2*

Ustedes aman a Jesucristo a pesar de que nunca lo han visto. Aunque ahora no lo ven, confían en él y se gozan con una alegría gloriosa e indescriptible. *1 Pedro 1:8*

Guía

Yo estaré contigo cuando hables y te enseñaré lo que debes decir.
Éxodo 4:12

Con tu amor inagotable guías al pueblo que redimiste. Con tu poder los guías a tu hogar sagrado. *Éxodo 15:13*

Nosotros y nuestros hijos somos responsables por siempre de todo lo que se nos ha revelado, a fin de que obedezcamos todas las condiciones de estas instrucciones. *Deuteronomio 29:29*

Hay un espíritu dentro de las personas, el aliento del Todopoderoso en ellas, que las hace inteligentes. *Job 32:8, 9*

El Señor dice: Te guiaré por el mejor sendero para tu vida; te aconsejaré y velaré por ti. *Salmo 32:8*

El Señor dirige los pasos de los justos; se deleita en cada detalle de su vida. *Salmo 37:23*

Él es nuestro Dios por siempre y para siempre, y nos guiará hasta el día de nuestra muerte. *Salmo 48:14*

Me guías con tu consejo y me conduces a un destino glorioso.
Salmo 73:24

El Señor concede sabiduría! De su boca provienen el saber y el entendimiento. *Proverbios 2:6*

Busca su voluntad en todo lo que hagas, y él te mostrará cuál camino tomar. *Proverbios 3:6*

La honestidad dirige los pasos de los justos; los perversos caen bajo el peso de su pecado. *Proverbios 11:5*

Podemos hacer nuestros planes, pero el Señor determina nuestros pasos. *Proverbios 16:9*

El agricultor sabe exactamente qué hacer porque Dios le ha dado entendimiento. *Isaías 28:26*

Tus oídos lo escucharán. Detrás de ti, una voz dirá: Este es el camino por el que debes ir, ya sea a la derecha o a la izquierda *Isaías 30:21*

Guiaré al ciego por una senda nueva, llevándolo por un camino desconocido. Iluminaré las tinieblas a su paso y allanaré el camino delante de ellos. Ciertamente yo haré estas cosas; no los abandonaré.
Isaías 42:16

Yo les daré las palabras apropiadas y tal sabiduría que ninguno de sus adversarios podrá responderles o refutarlos. *Lucas 21:15*

Cuando el Padre envíe al Abogado Defensor como mi representante, es decir, al Espíritu Santo, él les enseñará todo y les recordará cada cosa que les he dicho. *Juan 14:26*

Cuando venga el Espíritu de verdad, él los guiará a toda la verdad. Él no hablará por su propia cuenta, sino que les dirá lo que ha oído y les contará lo que sucederá en el futuro. *Juan 16:13*

Hijos

Dejan brincar a sus niños como corderitos; sus pequeños saltan y bailan. *Job 21:11*

Los hijos son un regalo del Señor; son una recompensa de su parte. Los hijos que le nacen a un hombre joven son como flechas en manos de un guerrero. ¡Qué feliz es el hombre que tiene su aljaba llena de ellos! No pasará vergüenza cuando enfrente a sus acusadores en las puertas de la ciudad. *Salmo 127:3-5*

Tu esposa será como una vid fructífera, floreciente en el hogar. Tus hijos serán como vigorosos retoños de olivo alrededor de tu mesa.
Salmo 128:3

Los nietos son la corona de gloria de los ancianos; los padres son el orgullo de sus hijos. *Proverbios 17:6*

Derramaré agua para calmar tu sed y para regar tus campos resecos; derramaré mi Espíritu sobre tus descendientes, y mi bendición sobre tus hijos. *Isaías 44:3*

Yo les enseñaré a todos tus hijos, y ellos disfrutarán de una gran paz.
Isaías 54:13

Cuando Jesús vio lo que sucedía, se enojó con sus discípulos y les dijo: Dejen que los niños vengan a mí. ¡No los detengan! Pues el reino de Dios pertenece a los que son como estos niños. Les digo la verdad, el que no reciba el reino de Dios como un niño nunca entrará en él. Entonces tomó a los niños en sus brazos y después de poner sus manos sobre la cabeza de ellos, los bendijo. *Marcos 10:14-16*

Esta promesa es para ustedes, para sus hijos y para los que están lejos, es decir, para todos los que han sido llamados por el Señor nuestro Dios. *Hechos 2:39*

Ellos le contestaron: Cree en el Señor Jesús y serás salvo, junto con todos los de tu casa. *Hechos 16:31*

Hijos – sus obligaciones

Cada uno de ustedes tenga gran respeto por su madre y su padre, y siempre guarde mis días de descanso. Yo soy el Señor su Dios.
Levítico 19:3

Honra a tu padre y a tu madre tal como el Señor tu Dios te lo ordenó. Entonces tendrás una vida larga y plena en la tierra que el Señor tu Dios te da. *Deuteronomio 5:16*

Maldito todo el que deshonre a su padre o a su madre.
Deuteronomio 27:16

Hijo mío, si los pecadores quieren engatusarte, ¡dales la espalda!
Proverbios 1:10

Hijo mío, obedece los mandatos de tu padre, y no descuides la instrucción de tu madre. *Proverbios 6:20*

Hijos míos, escúchenme, pues todos los que siguen mis caminos son felices. Escuchen mi instrucción y sean sabios; no la pasen por alto.
Proverbios 8:32, 33

Un hijo sabio trae alegría a su padre; un hijo necio trae dolor a su madre. *Proverbios 10:1*

El hijo sabio acepta la disciplina de sus padres; el burlón se niega a escuchar la corrección. *Proverbios 13:1*

Solo un necio desprecia la disciplina de sus padres; el que aprende de la corrección es sabio. *Proverbios 15:5*

A los niños se les conoce por su modo de actuar, si su conducta es o no pura y recta. *Proverbios 20:11*

Hijo mío, si tu corazón es sabio, ¡mi propio corazón saltará de alegría! Todo mi ser celebrará cuando hables con rectitud.
Proverbios 23:15, 16

Escucha a tu padre, que te dio la vida, y no desprecies a tu madre cuando sea anciana. *Proverbios 23:22*

El padre de hijos justos tiene motivos para alegrarse. ¡Qué satisfacción es tener hijos sabios! ¡Por eso, alegra a tu padre y a tu madre! Que sea feliz la que te dio a luz. Oh, hijo mío, dame tu corazón; que tus ojos se deleiten en seguir mis caminos.
Proverbios 23:24-26

Los jóvenes que obedecen la ley son sabios, los que tienen amigos desenfrenados traen vergüenza a sus padres. *Proverbios 28:7*

Hijos, obedezcan a sus padres porque ustedes pertenecen al Señor, pues esto es lo correcto. Honra a tu padre y a tu madre. Ese es el primer mandamiento que contiene una promesa: si honras a tu padre y a tu madre, te irá bien y tendrás una larga vida en la tierra.
Efesios 6:1-3

Hijos, obedezcan siempre a sus padres, porque eso agrada al Señor.
Colosenses 3:20

Tú conoces los mandamientos: No cometas adulterio; no cometas asesinato; no robes; no des falso testimonio; honra a tu padre y a tu madre. *Lucas 18:20*

Honestidad

No robes. No se engañen ni se estafen unos a otros. *Levítico 19:11*

No emplees medidas falsas cuando midas la longitud, el peso o la capacidad. *Levítico 19:35*

Cuando hagas un acuerdo con tu vecino para comprar o para vender alguna propiedad, no se aproveche el uno del otro. *Levítico 25:14*

Muestra tu temor a Dios al no aprovecharse el uno del otro. Yo soy el Señor tu Dios. *Levítico 25:17*

Todo el que engaña con pesas y medidas falsas es detestable a los ojos del Señor tu Dios. *Deuteronomio 25:15, 16*

Los perversos piden prestado y nunca pagan, pero los justos dan con generosidad. *Salmo 37:21*

No dejes de hacer el bien a todo el que lo merece, cuando esté a tu alcance ayudarlos. *Proverbios 3:27*

El Señor detesta el uso de las balanzas adulteradas, pero se deleita en pesas exactas. *Proverbios 11:1*

Es mejor tener poco con justicia, que ser rico y deshonesto. *Proverbios 16:8*

Los que son honestos y justos, los que se niegan a obtener ganancias por medio de fraudes, los que se mantienen alejados de los sobornos, los que se niegan a escuchar a los que traman asesinatos, los que cierran los ojos para no ceder ante la tentación de hacer el mal; estos son los que habitarán en las alturas. Las rocas de los montes serán su fortaleza; se les proveerá alimentos, y tendrán agua en abundancia. *Isaías 33:15, 16*

¿Qué puedo decir de las casas de los perversos que se llenaron de riquezas obtenidas con estafa? ¿Qué de la práctica repugnante de pesar el grano con medidas falsas? ¿Cómo podré tolerar a tus mercaderes que usan balanzas y pesas adulteradas? Los ricos entre ustedes llegaron a tener mucho dinero mediante la extorsión y la violencia. Tus habitantes están tan acostumbrados a mentir, que su lengua ya no puede decir la verdad. *Miqueas 6:10-12*

No se mientan unos a otros, porque ustedes ya se han quitado la vieja naturaleza pecaminosa y todos sus actos perversos. Vístanse con la nueva naturaleza y se renovarán a medida que aprendan a conocer a su Creador y se parezcan más a él. *Colosenses 3:9-10*

Nunca hagan daño ni engañen a otro creyente en este asunto, teniendo relaciones sexuales con su esposa, porque el Señor toma venganza de todos esos pecados, como ya les hemos advertido solemnemente. Dios nos ha llamado a vivir vidas santas, no impuras.
1 Tesalonicenses 4:6, 7

Hospitalidad

Si alguien les da a ustedes incluso un vaso de agua porque pertenecen al Mesías, les digo la verdad, esa persona ciertamente será recompensada. *Marcos 9:41*

Pues tuve hambre, y me alimentaron. Tuve sed, y me dieron de beber. Fui extranjero, y me invitaron a su hogar. Estuve desnudo, y me dieron ropa. Estuve enfermo, y me cuidaron. Estuve en prisión, y me visitaron. *Mateo 25:35, 36*

Y el Rey dirá: Cuando hicieron alguna de estas cosas al más insignificante de estos, ¡me lo hicieron a mí! *Mateo 25:40*

Deben recordar las palabras del Señor Jesús: Hay más bendición en dar que en recibir. *Hechos 20:35*

Estén listos para ayudar a los hijos de Dios cuando pasen necesidad. Estén siempre dispuestos a brindar hospitalidad. *Romanos 12:13*

Claro, con eso no quiero decir que lo que ustedes den deba hacerles fácil la vida a otros y difícil a ustedes. Solo quiero decir que debería haber cierta igualdad. Ahora mismo ustedes tienen en abundancia y pueden ayudar a los necesitados. Más adelante, ellos tendrán en abundancia y podrán compartir con ustedes cuando pasen necesidad. De esta manera, habrá igualdad. *2 Corintios 8:13, 14*

No se olviden de brindar hospitalidad a los desconocidos, porque algunos que lo han hecho, ¡han hospedado ángeles sin darse cuenta!
Hebreos 13:2

Abran las puertas de su hogar con alegría al que necesite un plato de comida o un lugar donde dormir. Dios, de su gran variedad de dones espirituales, les ha dado un don a cada uno de ustedes. Úsenlos bien para servirse los unos a los otros.   *1 Pedro 4:9, 10*

Supónganse que ven a un hermano o una hermana que no tiene qué comer ni con qué vestirse y uno de ustedes le dice: Adiós, que tengas un buen día; abrígate mucho y aliméntate bien, pero no le da ni alimento ni ropa. ¿Para qué le sirve?   *Santiago 2:15, 16*

Si alguien tiene suficiente dinero para vivir bien y ve a un hermano en necesidad pero no le muestra compasión, ¿cómo puede estar el amor de Dios en esa persona?   *1 Juan 3:17*

Humildad

Señor, tú conoces las esperanzas de los indefensos; ciertamente escucharás sus clamores y los consolarás.   *Salmo 10:17*

El Señor muestra su bondad a los humildes.   *Proverbios 3:34*

El temor del Señor enseña sabiduría; la humildad precede a la honra.
Proverbios 15:33

Es mejor vivir humildemente con los pobres, que compartir el botín con los orgullosos.   *Proverbios 16:19*

La verdadera humildad y el temor del Señor conducen a riquezas, a honor y a una larga vida.   *Proverbios 22:4*

El orgullo termina en humillación, mientras que la humildad trae honra.   *Proverbios 29:23*

El que se vuelva tan humilde como este pequeño es el más importante en el reino del cielo.   *Mateo 18:4*

Aquellos que se exaltan a sí mismos serán humillados, y los que se humillan a sí mismos serán exaltados. *Mateo 23:12*

Humíllense ante el gran poder de Dios y, a su debido tiempo, él los levantará con honor. *1 Pedro 5:6*

Él da gracia con generosidad. Como dicen las Escrituras: Dios se opone a los orgullosos pero da gracia a los humildes. *Santiago 4:6*

Incertidumbre

Yo confío en que veré la bondad del Señor mientras estoy aquí, en la tierra de los vivientes. Espera con paciencia al Señor; sé valiente y esforzado; sí, espera al Señor con paciencia. *Salmo 27:13, 14*

Quédate quieto en la presencia del Señor, y espera con paciencia a que él actúe. No te inquietes por la gente mala que prospera, ni te preocupes por sus perversas maquinaciones. *Salmo 37:7*

Pon tu esperanza en el Señor y marcha con paso firme por su camino. Él te honrará al darte la tierra y verás destruidos a los perversos. *Salmo 37:34*

Las personas sensatas no pierden los estribos; se ganan el respeto pasando por alto las ofensas. *Proverbios 19:11*

Los que confían en el Señor encontrarán nuevas fuerzas; volarán alto, como con alas de águila. Correrán y no se cansarán; caminarán y no desmayarán. *Isaías 40:31*

Dará vida eterna a los que siguen haciendo el bien, pues de esa manera demuestran que buscan la gloria, el honor y la inmortalidad que Dios ofrece. *Romanos 2:7*

Dios tuvo misericordia de mí, para que Cristo Jesús me usara como principal ejemplo de su gran paciencia aun con los peores pecadores. De esa manera, otros se darán cuenta de que también pueden creer en él y recibir la vida eterna. *1 Timoteo 1:16*

Tengan paciencia mientras esperan el regreso del Señor. Piensen en los agricultores, que con paciencia esperan las lluvias en el otoño y la primavera. Con ansias esperan a que maduren los preciosos cultivos. Ustedes también deben ser pacientes. Anímense, porque la venida del Señor está cerca.
Santiago 5:7, 8

Yo, Juan, soy hermano de ustedes, y su compañero en el sufrimiento, en el reino de Dios y en la paciente perseverancia a la que Jesús nos llama.
Apocalipsis 1:9

Inseguridad

Padre santo, tú me has dado tu nombre; ahora protégelos con el poder de tu nombre para que estén unidos como lo estamos nosotros.
Juan 17:11

El profundo deseo de mi corazón y mi oración a Dios es que los israelitas lleguen a ser salvos.
Romanos 10:1

Le pido a Dios, el glorioso Padre de nuestro Señor Jesucristo, que les dé sabiduría espiritual y percepción, para que crezcan en el conocimiento de Dios.
Efesios 1:17

Pido que les inunde de luz el corazón, para que puedan entender la esperanza segura que él ha dado a los que llamó, es decir, su pueblo santo, quienes son su rica y gloriosa herencia. También pido en oración que entiendan la increíble grandeza del poder de Dios para nosotros, los que creemos en él.
Efesios 1:18, 19

Espero que puedan comprender, como corresponde a todo el pueblo de Dios, cuán ancho, cuán largo, cuán alto y cuán profundo es su amor. Es mi deseo que experimenten el amor de Cristo, aun cuando es demasiado grande para comprenderlo todo. Entonces serán completos con toda la plenitud de la vida y el poder que proviene de Dios.
Efesios 3:18.19

Oren también por mí. Pídanle a Dios que me dé las palabras adecuadas para poder explicar con valor su misterioso plan: que la Buena Noticia es para judíos y gentiles por igual.
Efesios 6:19

Le pido a Dios que el amor de ustedes desborde cada vez más y que sigan creciendo en conocimiento y entendimiento. Quiero que entiendan lo que realmente importa, a fin de que lleven una vida pura e intachable hasta el día que Cristo vuelva. Que estén siempre llenos del fruto de la salvación es decir, el carácter justo que Jesucristo produce en su vida, porque esto traerá mucha gloria y alabanza a Dios. *Filipenses 1:9-11*

Que el mensaje de Cristo, con toda su riqueza, llene sus vidas. Enséñense y aconséjense unos a otros con toda la sabiduría que él da. Canten Salmos e himnos y canciones espirituales a Dios con un corazón agradecido. *Colosenses 3:16*

Oren por nosotros, pues tenemos la conciencia limpia y deseamos comportarnos con integridad en todo lo que hacemos. *Hebreos 13:18*

Larga Vida

Manténganse en el camino que el Señor su Dios les ordenó que siguieran. Entonces tendrán una vida larga y les irá bien en la tierra donde están a punto de entrar y que van a poseer. *Deuteronomio 5:33*

Tú, tus hijos y tus nietos teman al Señor su Dios durante toda la vida. Si obedeces todos los decretos y los mandatos del Señor, disfrutarás de una larga vida. *Deuteronomio 6:2*

Llegarás a la tumba de edad avanzada, ¡como una gavilla de grano cosechada a su debido tiempo! *Job 5:26*

Tu vida será más radiante que el mediodía; y aun la oscuridad brillará como la mañana. *Job 11:17*

La sabiduría pertenece a los ancianos, y el entendimiento a los mayores. Pero la verdadera sabiduría y el poder se encuentran en Dios; el consejo y el entendimiento le pertenecen. *Job 12:12, 13*

Señor, recuérdame lo breve que será mi tiempo sobre la tierra. Recuérdame que mis días están contados, ¡y cuán fugaz es mi vida! La vida que me has dado no es más larga que el ancho de mi mano.

Toda mi vida es apenas un instante para ti; cuando mucho, cada uno de nosotros es apenas un suspiro. *Salmo 39:4, 5*

Ahora, en mi vejez, no me hagas a un lado; no me abandones cuando me faltan las fuerzas. *Salmo 71:9*

Oh Dios, tú me has enseñado desde mi tierna infancia, y yo siempre les cuento a los demás acerca de tus hechos maravillosos. Ahora que estoy viejo y canoso, no me abandones, oh Dios. Permíteme proclamar tu poder a esta nueva generación, tus milagros poderosos a todos los que vienen después de mí. *Salmo 71:17, 18*

Los recompensaré con una larga vida y les daré mi salvación. *Salmo 91:16*

Hijo mío, nunca olvides las cosas que te he enseñado; guarda mis mandatos en tu corazón. Si así lo haces, vivirás muchos años, y tu vida te dará satisfacción. *Proverbios 3:1, 2*

La sabiduría multiplicará tus días y dará más años a tu vida. *Proverbios 9:11*

El temor del Señor prolonga la vida, pero los años de los perversos serán truncados. *Proverbios 10:27*

Los nietos son la corona de gloria de los ancianos; los padres son el orgullo de sus hijos *.Proverbios 17:6*

La gloria de los jóvenes es su fuerza; las canas de la experiencia son el esplendor de los ancianos. *Proverbios 20:29*

Yo seré su Dios durante toda su vida; hasta que tengan canas por la edad. Yo los hice y cuidaré de ustedes; yo los sostendré y los salvaré. *Isaías 46:4*

Tito, en cuanto a ti, fomenta la clase de vida que refleje la sana enseñanza. Enseña a los hombres mayores a ejercitar el control propio, a ser dignos de respeto y a vivir sabiamente. Deben tener una fe sólida y estar llenos de amor y paciencia. De manera similar, enseña a las mujeres mayores a vivir de una manera que honre a Dios. No deben calumniar a nadie ni emborracharse. En cambio, deberían enseñarles a otros lo que es bueno. Esas mujeres mayores tienen que

instruir a las más jóvenes a amar a sus esposos y a sus hijos, a vivir sabiamente y a ser puras, a trabajar en su hogar, a hacer el bien y a someterse a sus esposos. Entonces no deshonrarán la palabra de Dios.
Tito 2:1-5

Libre de Pecado

Los rociaré con agua pura y quedarán limpios. Lavaré su inmundicia y dejarán de rendir culto a ídolos. Les daré un corazón nuevo y pondré un espíritu nuevo dentro de ustedes. Les quitaré ese terco corazón de piedra y les daré un corazón tierno y receptivo. *Ezequiel 36:25, 26*

Todo el que comete pecado es esclavo del pecado. Un esclavo no es un miembro permanente de la familia, pero un hijo sí forma parte de la familia para siempre. Así que, si el Hijo los hace libres, ustedes son verdaderamente libres. *Juan 8:34-36*

Todo el que cree en él se le perdonarán los pecados por medio de su nombre. *Hechos 10:43*

No me avergüenzo de la Buena Noticia acerca de Cristo, porque es poder de Dios en acción para salvar a todos los que creen, a los judíos primero y también a los gentiles. *Romanos 1:16*

¿Deberíamos seguir pecando para que Dios nos muestre más y más su gracia maravillosa? ¡Por supuesto que no! Nosotros hemos muerto al pecado, entonces, ¿cómo es posible que sigamos viviendo en pecado? *Romanos 6:1, 2*

Sabemos que nuestro antiguo ser pecaminoso fue crucificado con Cristo para que el pecado perdiera su poder en nuestra vida. Ya no somos esclavos del pecado. Pues, cuando morimos con Cristo, fuimos liberados del poder del pecado. *Romanos 6:6, 7*

Ustedes deberían considerarse muertos al poder del pecado y vivos para Dios por medio de Cristo Jesús. El pecado ya no es más su amo, porque ustedes ya no viven bajo las exigencias de la ley. En cambio, viven en la libertad de la gracia de Dios. *Romanos 6:11, 14*

Cuando eran esclavos del pecado, estaban libres de la obligación de hacer lo correcto...pero ahora quedaron libres del poder del pecado y se han hecho esclavos de Dios. Ahora hacen las cosas que llevan a la santidad y que dan como resultado la vida eterna.   *Romanos 6:20, 22*

Todo el que pertenece a Cristo se ha convertido en una persona nueva. La vida antigua ha pasado; ¡una nueva vida ha comenzado!
2 Corintios 5:17

Dios es tan rico en misericordia y nos amó tanto que, a pesar de que estábamos muertos por causa de nuestros pecados, nos dio vida cuando levantó a Cristo de los muertos. (¡Es solo por la gracia de Dios que ustedes han sido salvados!) Pues nos levantó de los muertos junto con Cristo y nos sentó con él en los lugares celestiales, porque estamos unidos a Cristo Jesús. De modo que, en los tiempos futuros, Dios puede ponernos como ejemplos de la increíble riqueza de la gracia y la bondad que nos tuvo, como se ve en todo lo que ha hecho por nosotros, que estamos unidos a Cristo Jesús. Pues somos la obra maestra de Dios. Él nos creó de nuevo en Cristo Jesús, a fin de que hagamos las cosas buenas que preparó para nosotros tiempo atrás.
Efesios 2:4-7, 10

Mansedumbre

Hará justicia a los pobres y tomará decisiones imparciales con los que son explotados.   *.Isaías 11:4*

Los humildes se llenarán de una alegría nueva de parte del Señor; los pobres se alegrarán en el Santo de Israel.   *Isaías 29:19*

Los pobres comerán y quedarán satisfechos; todos los que buscan al Señor lo alabarán; se alegrará el corazón con gozo eterno.
Salmo 22:26

Guía a los humildes para que hagan lo correcto; les enseña su camino.
Salmo 25:9

Los humildes poseerán la tierra y vivirán en paz y prosperidad.
Salmo 37:11

El Señor sostiene a los humildes, pero derriba a los perversos y los hace morder el polvo. *Salmo 147:6*

El Señor se deleita en su pueblo; él corona al humilde con victoria.
Salmo 149:4

La respuesta apacible desvía el enojo, pero las palabras ásperas encienden los ánimos. *Proverbios 15:1*

Busquen al Señor los que son humildes y sigan sus mandamientos. Procuren hacer lo que es correcto y vivir con humildad. Quizá todavía el Señor los proteja y los libre de su ira en ese día de destrucción.
Sofonías 2:3

Dios bendice a los que son humildes, porque heredarán toda la tierra.
Mateo 5:5

Vístanse con la belleza interior, la que no se desvanece, la belleza de un espíritu tierno y sereno, que es tan precioso a los ojos de Dios.
1 Pedro 3:4

Matrimonio

Bebe el agua de tu propio pozo; comparte tu amor únicamente con tu esposa. *Proverbios 5:15*

Que tu esposa sea una fuente de bendición para ti. Alégrate con la esposa de tu juventud. Es una cierva amorosa, una gacela llena de gracia. Que sus pechos te satisfagan siempre. Que siempre seas cautivado por su amor. Hijo mío, ¿por qué dejarte cautivar por una mujer inmoral o acariciar los pechos de una mujer promiscua?
Proverbios 5:18-20

Vive feliz junto a la mujer que amas, todos los insignificantes días de vida que Dios te haya dado bajo el sol. La esposa que Dios te da es la recompensa por todo tu esfuerzo terrenal. *Eclesiastés 9:9*

El esposo debe satisfacer las necesidades sexuales de su esposa, y la esposa debe satisfacer las necesidades sexuales de su marido.
1 Corintios 7:3

Para las esposas, eso significa: sométase cada una a su marido como al Señor, porque el marido es la cabeza de su esposa como Cristo es cabeza de la iglesia. Él es el Salvador de su cuerpo, que es la iglesia.
Efesios 5:22, 23

Para los maridos, eso significa: ame cada uno a su esposa tal como Cristo amó a la iglesia. Él entregó su vida por ella. *Efesios 5:25*

El marido debe amar a su esposa como ama a su propio cuerpo. Pues un hombre que ama a su esposa en realidad demuestra que se ama a sí mismo. *Efesios 5:28*

Como dicen las Escrituras: «El hombre deja a su padre y a su madre, y se une a su esposa, y los dos se convierten en uno solo. *Efesios 5:31*

Por eso les repito: cada hombre debe amar a su esposa como se ama a sí mismo, y la esposa debe respetar a su marido. *Efesios 5:33*

Esposas, sujétese cada una a su esposo como corresponde a quienes pertenecen al Señor. Maridos, ame cada uno a su esposa y nunca la trate con aspereza. *Colosenses 3:18, 19*

Aquellos que se niegan a cuidar de sus familiares, especialmente los de su propia casa, han negado la fe verdadera y son peores que los incrédulos. *1 Timoteo 5:8*

Esas mujeres mayores tienen que instruir a las más jóvenes a amar a sus esposos y a sus hijos, a vivir sabiamente y a ser puras, a trabajar en su hogar, a hacer el bien y a someterse a sus esposos. Entonces no deshonrarán la palabra de Dios. *Tito 2:4, 5*

De la misma manera, ustedes maridos, tienen que honrar a sus esposas. Cada uno viva con su esposa y trátela con entendimiento. Ella podrá ser más débil, pero participa por igual del regalo de la nueva vida que Dios les ha dado. Trátenla como es debido, para que nada estorbe las oraciones de ustedes. *1 Pedro 3:7*

Mentira

No esparzas rumores falsos. No te hagas cómplice de gente malvada cuando tengas que jurar en el estrado de los testigos. *Éxodo 23:1*

No traigas vergüenza al nombre de tu Dios al usarlo para jurar en falso. Yo soy el Señor. *Levítico 19:12*

Si un testigo malicioso se presenta y acusa a alguien de haber cometido algún crimen o delito, tanto el que acusa como el acusado deberán presentarse ante el Señor al acudir a los sacerdotes y a los jueces que estén en ejercicio en esos días. Los jueces tendrán que investigar el caso a fondo. Si el acusador presentara cargos falsos contra otro israelita, le impondrás a él la sentencia que pretendía para la otra persona. De ese modo, limpiarás esa maldad que hay en medio de ti. *Deuteronomio 19:16-19*

El rey le respondió con dureza: ¿Cuántas veces tengo que exigirte que solo me digas la verdad cuando hables de parte del Señor? *1 Reyes 22:16*

Estos malvados son pecadores de nacimiento, desde que nacieron mienten y siguen su propio camino. *Salmo 58:3*

Las palabras veraces soportan la prueba del tiempo, pero las mentiras pronto se descubren. *Proverbios 12:19*

El testigo honrado no miente; el testigo falso respira mentiras. *Proverbios 14:5*

El testigo falso no quedará sin castigo; el mentiroso tampoco escapará. *Proverbios 19:5*

El testigo falso no quedará sin castigo, y el mentiroso será destruido. *Proverbios 19:9*

No testifiques contra tus vecinos sin motivo; no mientas cuando hables de ellos. *Proverbios 24:28*

Decir mentiras acerca de otros es tan dañino como golpearlos con un hacha, herirlos con una espada o lanzarles una flecha afilada. *Proverbios 25:18*

No tramen el mal unos contra otros. Dejen de amar el decir mentiras y jurar que son verdad. Yo odio todas esas cosas, dice el Señor.
Zacarías 8:17

No se mientan unos a otros, porque ustedes ya se han quitado la vieja naturaleza pecaminosa y todos sus actos perversos. Vístanse con la nueva naturaleza y se renovarán a medida que aprendan a conocer a su Creador y se parezcan más a él. *Colosenses 3:9, 10*

Si tienen envidias amargas y ambiciones egoístas en el corazón, no encubran la verdad con jactancias y mentiras. *Santiago 3:14*

Los cobardes, los incrédulos, los corruptos, los asesinos, los que cometen inmoralidades sexuales, los que practican la brujería, los que rinden culto a ídolos y todos los mentirosos, tendrán su destino en el lago de fuego que arde con azufre. Esta es la segunda muerte.
Apocalipsis 21:8

Misericordia

El Señor respondió: Haré pasar delante de ti toda mi bondad y delante de ti proclamaré mi nombre, Yahveh. Pues tendré misericordia de quien yo quiera y mostraré compasión con quien yo quiera.
Éxodo 33:19

El Señor es como un padre con sus hijos, tierno y compasivo con los que le temen. *Salmo 103:13*

Pero el amor del Señor permanece para siempre con los que le temen. ¡Su salvación se extiende a los hijos de los hijos. *Salmo 103:17*

El Señor esperará a que ustedes acudan a él para mostrarles su amor y su compasión. Pues el Señor es un Dios fiel. Benditos son los que esperan su ayuda. *Isaías 30:18*

Por el amor y la honra de mi nombre, contendré mi enojo y no te aniquilaré. *Isaías 48:9*

Aunque te herí en mi enojo, ahora tendré misericordia de ti por mi gracia. *Isaías 60:10*

Demostraré amor a los que antes llamé "no amados". Y a los que llamé "no son mi pueblo", yo diré: "Ahora son mi pueblo". Y ellos responderán: "¡Tú eres nuestro Dios!" *Oseas 2:23*

Muerte

Aun cuando yo pase por el valle más oscuro, no temeré, porque tú estás a mi lado. Tu vara y tu cayado me protegen y me confortan.
Salmo 23:4

Miren a los que son buenos y honestos, porque a los que aman la paz les espera un futuro maravilloso. *Salmo 37:37*

Pues así es Dios. Él es nuestro Dios por siempre y para siempre, y nos guiará hasta el día de nuestra muerte. *Salmo 48:14*

Pero en mi caso, Dios redimirá mi vida; me arrebatará del poder de la tumba. *Salmo 49:15*

Puede fallarme la salud y debilitarse mi espíritu, pero Dios sigue siendo la fuerza de mi corazón; él es mío para siempre. *Salmo 73:26*

Oh muerte, ¿dónde está tu victoria? Oh muerte, ¿dónde está tu aguijón? *1 Corintios 15:55*

Los perversos son aplastados por el desastre, pero los justos tienen un refugio cuando mueren. *Proverbios 14:32*

¡Él devorará a la muerte para siempre! El Señor Soberano secará todas las lágrimas y quitará para siempre los insultos y las burlas contra su tierra y su pueblo. ¡El Señor ha hablado! *Isaías 25:8*

Para que todo el que crea en él tenga vida eterna. *Juan 3:15*

¡Todo el que obedezca mi enseñanza jamás morirá! *Juan 8:51*

Como se nos declaró justos a los ojos de Dios por la sangre de Cristo, con toda seguridad él nos salvará de la condenación de Dios.
Romanos 5:9

Estoy convencido de que nada podrá jamás separarnos del amor de Dios. Ni la muerte ni la vida, ni ángeles ni demonios, ni nuestros temores de hoy ni nuestras preocupaciones de mañana. Ni siquiera los poderes del infierno pueden separarnos del amor de Dios. Ningún poder en las alturas ni en las profundidades, de hecho, nada en toda la creación podrá jamás separarnos del amor de Dios, que está revelado en Cristo Jesús nuestro Señor. *Romanos 8:38, 39*

Es por esto que nunca nos damos por vencidos. Aunque nuestro cuerpo está muriéndose, nuestro espíritu va renovándose cada día.
2 Corintios 4:16

Debido a que los hijos de Dios son seres humanos, hechos de carne y sangre, el Hijo también se hizo de carne y sangre. Pues solo como ser humano podía morir y solo mediante la muerte podía quebrantar el poder del diablo, quien tenía el poder sobre la muerte. Únicamente de esa manera el Hijo podía libertar a todos los que vivían esclavizados por temor a la muerte. *Hebreos 2:14, 15*

Necesidad

Tuyos, oh Señor, son la grandeza, el poder, la gloria, la victoria y la majestad. Todo lo que hay en los cielos y en la tierra es tuyo, oh Señor, y este es tu reino. Te adoramos como el que está por sobre todas las cosas. *1 Crónicas 29:11*

Es mejor ser justo y tener poco que ser malvado y rico. *Salmo 37:16*

El Señor oye el clamor de los necesitados; no desprecia a su pueblo encarcelado. *Salmo 69:33*

Rescatará a los pobres cuando a él clamen; ayudará a los oprimidos, que no tienen quién los defienda. *Salmo 72:12*

Él satisface al sediento y al hambriento lo llena de cosas buenas.
Salmo 107:9

Da alimento a los que le temen; siempre recuerda su pacto.
Salmo 111:15

Hará justicia a los pobres y tomará decisiones imparciales con los que son explotados. La tierra temblará con la fuerza de su palabra, y bastará un soplo de su boca para destruir a los malvados. *Isaías 11:4*

El que se esfuerza en su trabajo tiene comida en abundancia, pero el que persigue fantasías termina en la pobreza. *Proverbios 28:19*

No había necesitados entre ellos, porque los que tenían terrenos o casas los vendían y llevaban el dinero a los apóstoles para que ellos lo dieran a los que pasaban necesidad. *Hechos 4:34, 35*

Es Dios quien provee la semilla al agricultor y luego el pan para comer. De la misma manera, él proveerá y aumentará los recursos de ustedes y luego producirá una gran cosecha de generosidad en ustedes. Efectivamente, serán enriquecidos en todo sentido para que siempre puedan ser generosos; y cuando llevemos sus ofrendas a los que las necesitan, ellos darán gracias a Dios. *2 Corintios 9:10-11*

Este mismo Dios quien me cuida suplirá todo lo que necesiten, de las gloriosas riquezas que nos ha dado por medio de Cristo Jesús.
Filipenses 4:19

Negligencia

Si me obedecen y cumplen mi pacto, ustedes serán mi tesoro especial entre todas las naciones de la tierra; porque toda la tierra me pertenece. Ustedes serán mi reino de sacerdotes, mi nación santa.
Éxodo 19:5, 6

Todo el que recibe de mi parte a un niño pequeño como este, me recibe a mí; y todo el que me recibe a mí, también recibe al Padre, quien me envió. El más insignificante entre ustedes es el más importante. *Lucas 9:48*

El que planta y el que riega trabajan en conjunto con el mismo propósito. Y cada uno será recompensado por su propio arduo trabajo. Pues ambos somos trabajadores de Dios; y ustedes son el campo de cultivo de Dios, son el edificio de Dios. *1 Corintios 3:8, 9*

El cuerpo consta de muchas partes diferentes, no de una sola parte. Si el pie dijera: No formo parte del cuerpo porque no soy mano, no por eso dejaría de ser parte del cuerpo. Y si la oreja dijera: No formo parte del cuerpo porque no soy ojo, ¿dejaría por eso de ser parte del cuerpo? Si todo el cuerpo fuera ojo, ¿cómo podríamos oír? O si todo el cuerpo fuera oreja, ¿cómo podríamos oler? Pero nuestro cuerpo tiene muchas partes, y Dios ha puesto cada parte justo donde él quiere. De hecho, algunas partes del cuerpo que parecieran las más débiles y menos importantes, en realidad, son las más necesarias.
1 Corintios 12:14-18, 22

Somos la obra maestra de Dios. Él nos creó de nuevo en Cristo Jesús, a fin de que hagamos las cosas buenas que preparó para nosotros tiempo atrás. *Efesios 2:10*

La religión pura y verdadera a los ojos de Dios Padre consiste en ocuparse de los huérfanos y de las viudas en sus aflicciones, y no dejar que el mundo te corrompa. *Santiago 1:27*

Si quieres disfrutar de la vida y ver muchos días felices, refrena tu lengua de hablar el mal y tus labios de decir mentiras. Apártate del mal y haz el bien. Busca la paz y esfuérzate por mantenerla.
1 Pedro 3:10, 11

Obediencia

Esto es lo que el Señor les ha ordenado que hagan para que la gloria del Señor se aparezca ante ustedes. *Levítico 9:6*

¡Oh! si siempre tuvieran un corazón así, si estuvieran dispuestos a temerme y a obedecer todos mis mandatos! Entonces siempre les iría bien a ellos y a sus descendientes. *Deuteronomio 5:29*

Escucha con atención, pueblo de Israel, y asegúrate de obedecer. Entonces todo te saldrá bien, y tendrás muchos hijos en la tierra donde fluyen la leche y la miel, tal como el Señor, Dios de tus antepasados, te lo prometió. *Deuteronomio 6:3*

Haz lo que es bueno y correcto a los ojos del Señor, para que te vaya bien en todo. Entonces entrarás en la buena tierra que el Señor juró dar a tus antepasados y la poseerás. *Deuteronomio 6:18*

Si prestas atención a estas ordenanzas y las obedeces con fidelidad, el Señor tu Dios cumplirá su pacto de amor inagotable contigo, tal como lo prometió mediante el juramento que les hizo a tus antepasados. *Deuteronomio 7:12*

Obedece las condiciones de este pacto para que prosperes en todo lo que hagas. *Deuteronomio 29:9*

¡Ahora escucha! En este día, te doy a elegir entre la vida y la muerte, entre la prosperidad y la calamidad. Pues hoy te ordeno que ames al Señor tu Dios y cumplas sus mandatos, decretos y ordenanzas andando en sus caminos. Si lo haces, vivirás y te multiplicarás, y el Señor tu Dios te bendecirá a ti y también a la tierra donde estás a punto de entrar y que vas a poseer. *Deuteronomio 30:15, 16*

Si escuchan y obedecen a Dios, serán bendecidos con prosperidad por el resto de su vida. Todos sus años serán agradables. *Job 36:11*

Hay alegría para los que tratan con justicia a los demás y siempre hacen lo que es correcto. *Salmo 106:3*

He optado por ser fiel; estoy decidido a vivir de acuerdo con tus ordenanzas. Me aferro a tus leyes. Señor, ¡no dejes que pase vergüenza! Perseguiré tus mandatos, porque tú aumentas mi comprensión. *Salmo 119:30-32*

Este es el nuevo pacto que haré con el pueblo de Israel después de esos días —dice el Señor—. Pondré mis instrucciones en lo más profundo de ellos y las escribiré en su corazón. Yo seré su Dios, y ellos serán mi pueblo. *Jeremías 31:33*

Si no hacen caso al más insignificante mandamiento y les enseñan a los demás a hacer lo mismo, serán llamados los más insignificantes en el reino del cielo; pero el que obedece las leyes de Dios y las enseña será llamado grande en el reino del cielo. *Mateo 5:19*

No todo el que me llama: "¡Señor, Señor!" entrará en el reino del cielo. Solo entrarán aquellos que verdaderamente hacen la voluntad de mi Padre que está en el cielo. *Mateo 7:21*

Todo el que escucha mi enseñanza y la sigue es sabio, como la persona que construye su casa sobre una roca sólida. Aunque llueva a cántaros y suban las aguas de la inundación y los vientos golpeen contra esa casa, no se vendrá abajo porque está construida sobre un lecho de roca. *Mateo 7:24, 25*

Todo el que hace la voluntad de mi Padre que está en el cielo es mi hermano y mi hermana y mi madre. *Mateo 12:50*

Todos los que escuchan mi mensaje y creen en Dios, quien me envió, tienen vida eterna. Nunca serán condenados por sus pecados, pues ya han pasado de la muerte a la vida. *Juan 5:24*

¡Todo el que obedezca mi enseñanza jamás morirá! *Juan 8:51*

Los que aceptan mis mandamientos y los obedecen son los que me aman. Y, porque me aman a mí, mi Padre los amará a ellos. Y yo los amaré y me daré a conocer a cada uno de ellos. *Juan 14:21*

Todos los que me aman harán lo que yo diga. Mi Padre los amará, y vendremos para vivir con cada uno de ellos. El que no me ama no me obedece. Y recuerden, mis palabras no son mías; lo que les hablo proviene del Padre, quien me envió. *Juan 14:23, 24*

Cuando obedecen mis mandamientos, permanecen en mi amor, así como yo obedezco los mandamientos de mi Padre y permanezco en su amor. *Juan15:10*

El simple acto de escuchar la ley no nos hace justos ante Dios. Es obedecer la ley lo que nos hace justos ante sus ojos. *Romanos 2:13*

Sabemos que Dios hace que todas las cosas cooperen para el bien de quienes lo aman y son llamados según el propósito que él tiene para ellos. *Romanos 8:28*

Son una carta de Cristo que muestra el resultado de nuestro ministerio entre ustedes. Esta carta no está escrita con pluma y tinta, sino con el

Espíritu del Dios viviente. No está tallada en tablas de piedra, sino en corazones humanos. *2 Corintios 3:3*

Dios lo hizo apto para ser el Sumo Sacerdote perfecto, y Jesús llegó a ser la fuente de salvación eterna para todos los que le obedecen.
Hebreos 5:9

Imagínense cuánto más la sangre de Cristo nos purificará la conciencia de acciones pecaminosas para que adoremos al Dios viviente. Pues por el poder del Espíritu eterno, Cristo se ofreció a sí mismo a Dios como sacrificio perfecto por nuestros pecados.
Hebreos 9:14

Si miras atentamente en la ley perfecta que te hace libre y la pones en práctica y no olvidas lo que escuchaste, entonces Dios te bendecirá por tu obediencia. *Santiago 1:25*

Este mundo se acaba junto con todo lo que la gente tanto desea; pero el que hace lo que a Dios le agrada vivirá para siempre. *1 Juan 2:17*

Y recibiremos de él todo lo que le pidamos porque lo obedecemos y hacemos las cosas que le agradan. *1 Juan 3:22*

Amar a Dios significa obedecer sus mandamientos, y sus mandamientos no son una carga difícil de llevar. Pues todo hijo de Dios vence a este mundo de maldad, y logramos esa victoria por medio de nuestra fe. ¿Y quién puede ganar esta batalla contra el mundo? Únicamente los que creen que Jesús es el Hijo de Dios.
1 Juan 5:3-5

Opresión

Aunque estés desterrado en los extremos de la tierra, el Señor tu Dios te traerá de allí y te reunirá nuevamente. *Deuteronomio 30:4*

Dios ubica a los solitarios en familias; pone en libertad a los prisioneros y los llena de alegría. Pero a los rebeldes los hace vivir en una tierra abrasada por el sol. *Salmo 68:6*

El Señor oye el clamor de los necesitados; no desprecia a su pueblo encarcelado. *Salmo 69:33*

Los sacó de la oscuridad y de la profunda penumbra; les rompió las cadenas. *Salmo 107:14*

Hace justicia al oprimido y da alimento al que tiene hambre. El Señor libera a los prisioneros. *Salmo 146:7*

Los cautivos de los guerreros serán puestos en libertad, y se recuperará el botín de los tiranos. Pues yo pelearé contra quienes peleen contigo, y salvaré a tus hijos. *Isaías 49:25*

Oración

Orarás a él, y te escuchará, y cumplirás los votos que le hiciste.
Job 22:27

De algo pueden estar seguros: el Señor ha separado para sí a los justos; el Señor me responderá cuando lo llame. *Salmo 4:3*

El Señor oye a los suyos cuando claman a él por ayuda; los rescata de todas sus dificultades. *Salmo 34:17*

Clama a mí cuando tengas problemas, y yo te rescataré, y tú me darás la gloria. *Salmo 50:15*

Mañana, tarde y noche clamo en medio de mi angustia, y el Señor oye mi voz. *Salmo 55:17*

Tú respondes a nuestras oraciones. Todos nosotros tenemos que acudir a ti. Fielmente respondes a nuestras oraciones con imponentes obras, oh Dios nuestro salvador. Eres la esperanza de todos los que habitan la tierra, incluso de los que navegan en mares distantes.
Salmo 65:2, 5

El Señor está cerca de todos los que lo invocan, sí, de todos los que lo invocan de verdad. Él concede los deseos de los que le temen; oye sus gritos de auxilio y los rescata. *Salmo 145:18, 19*

El Señor está lejos de los perversos, pero oye las oraciones de los justos. *Proverbios 15:29*

Él será compasivo si le pides ayuda; sin ninguna duda, él responderá a los clamores. *Isaías 30:19*

Cuando ustedes llamen, el Señor les responderá. "Sí, aquí estoy", les contestará enseguida. Levanten el pesado yugo de la opresión.
Isaías 58:9

El brazo del Señor no es demasiado débil para no salvarlos, ni su oído demasiado sordo para no oír su clamor. *Isaías 59:1*

Les responderé antes que me llamen. Cuando aún estén hablando de lo que necesiten, ¡me adelantaré y responderé a sus oraciones!
Isaías 65:24

En esos días, cuando oren, los escucharé. *Jeremías 29:12*

Tú, cuando ores, apártate a solas, cierra la puerta detrás de ti y ora a tu Padre en privado. Entonces, tu Padre, quien todo lo ve, te recompensará. *Mateo 6:6*

Sigue pidiendo y recibirás lo que pides; sigue buscando y encontrarás; sigue llamando, y la puerta se te abrirá. *Mateo 7:7*

Todo el que pide, recibe; todo el que busca, encuentra; y a todo el que llama, se le abrirá la puerta. *Mateo 7:8*

Ustedes pueden orar por cualquier cosa, y si tienen fe la recibirán.
Mateo 21:22

Pueden pedir cualquier cosa en mi nombre, y yo la haré, para que el Hijo le dé gloria al Padre. *Juan 14:13*

Pídanme cualquier cosa en mi nombre, ¡y yo la haré! *Juan 14:14*

Si ustedes permanecen en mí y mis palabras permanecen en ustedes, pueden pedir lo que quieran, ¡y les será concedido! *Juan 15:7*

Le pedirán directamente al Padre, y él les concederá la petición, porque piden en mi nombre. No lo han hecho antes. Pidan en mi nombre y recibirán y tendrán alegría en abundancia. *Juan 16:23, 24*

Confiésense los pecados unos a otros y oren los unos por los otros, para que sean sanados. La oración ferviente de una persona justa tiene mucho poder y da resultados maravillosos. *Santiago 5:16*

Los ojos del Señor están sobre los que hacen lo bueno, y sus oídos están abiertos a sus oraciones. Pero el Señor aparta su rostro de los que hacen lo malo. *1 Pedro 3:12*

Estamos seguros de que él nos oye cada vez que le pedimos algo que le agrada; y como sabemos que él nos oye cuando le hacemos nuestras peticiones, también sabemos que nos dará lo que le pedimos.
1 Juan 5:14,15

Orgullo

Todos los que temen al Señor odiarán la maldad. Por eso odio el orgullo y la arrogancia, la corrupción y el lenguaje perverso.
Proverbios 8:13

El orgullo va delante de la destrucción, y la arrogancia antes de la caída. *Proverbios 16:18*

Los ojos arrogantes, el corazón orgulloso, y las malas acciones, son pecado. *Proverbios 21:4*

Hay más esperanza para los necios que para los que se creen sabios.
Proverbios 26:12

Que te alabe otro y no tu propia boca; que lo haga un desconocido, no tus propios labios. *Proverbios 27:2*

La avaricia provoca pleitos; confiar en el Señor resulta en prosperidad. Los que confían en su propia inteligencia son necios, pero el que camina con sabiduría está a salvo. *Proverbios 28:25, 26*

¡Qué aflicción para los que se creen sabios en su propia opinión y se consideran muy inteligentes! *Isaías 5:21*

Jesús se sentó y llamó a los doce discípulos y dijo: Quien quiera ser el primero debe tomar el último lugar y ser el sirviente de todos los demás. *Marcos 9:35*

Él les dijo: A ustedes les encanta aparecer como personas rectas en público, pero Dios conoce el corazón. Lo que este mundo honra es detestable a los ojos de Dios. *Lucas 16:15*

¡Con razón les cuesta creer! Pues a ustedes les encanta honrarse unos a otros, pero no les importa la honra que proviene del único que es Dios. *Juan 5:44*

Como dicen las Escrituras: Si alguien quiere jactarse, que se jacte solamente del Señor. Cuando la gente se alaba a sí misma, ese elogio no sirve de mucho. Lo importante es que los elogios provengan del Señor. *2 Corintios 10:17, 18*

Paciencia

También nos alegramos al enfrentar pruebas y dificultades porque sabemos que nos ayudan a desarrollar resistencia. Y la resistencia desarrolla firmeza de carácter, y el carácter fortalece nuestra esperanza segura de salvación. *Romanos 5:3, 4*

Así que no nos cansemos de hacer el bien. A su debido tiempo, cosecharemos numerosas bendiciones si no nos damos por vencidos. *Gálatas 6:9*

Entonces, no se volverán torpes ni indiferentes espiritualmente. En cambio, seguirán el ejemplo de quienes, gracias a su fe y perseverancia, heredarán las promesas de Dios. *Hebreos 6:12*

Mantengámonos firmes sin titubear en la esperanza que afirmamos, porque se puede confiar en que Dios cumplirá su promesa. *Hebreos 10:23*

Perseverar con paciencia es lo que necesitan ahora para seguir haciendo la voluntad de Dios. Entonces recibirán todo lo que él ha prometido. *Hebreos 10:36*

Cuando tengan que enfrentar cualquier tipo de problemas, considérenlo como un tiempo para alegrarse mucho porque ustedes saben que, siempre que se pone a prueba la fe, la constancia tiene una oportunidad para desarrollarse. Así que dejen que crezca, pues una vez que su constancia se haya desarrollado plenamente, serán perfectos y completos, y no les faltará nada. *Santiago 1:2-4*

Amados hermanos, tengan paciencia mientras esperan el regreso del Señor. Piensen en los agricultores, que con paciencia esperan las lluvias en el otoño y la primavera. Con ansias esperan a que maduren los preciosos cultivos. Ustedes también deben ser pacientes. Anímense, porque la venida del Señor está cerca. *Santiago 5:7, 8*

Es obvio que no hay mérito en ser paciente si a uno lo golpean por haber actuado mal, pero si sufren por hacer el bien y lo soportan con paciencia, Dios se agrada de ustedes. *1 Pedro 2:20*

Impaciencia

Dirige a tus hijos por el camino correcto, y cuando sean mayores, no lo abandonarán. *Proverbios 22:6*

Yo les enseñaré a todos tus hijos, y ellos disfrutarán de una gran paz. *Isaías 54:13*

Si los perversos abandonan sus pecados y comienzan a obedecer mis decretos y a hacer lo que es justo y correcto, ciertamente vivirán y no morirán. Todos los pecados pasados serán olvidados...¿Acaso piensan que me agrada ver morir a los perversos?, pregunta el Señor Soberano. ¡Claro que no! Mi deseo es que se aparten de su conducta perversa y vivan. *Ezequiel 18:21-23*

Cree en el Señor Jesús y serás salvo, junto con todos los de tu casa. *Hechos 16:31*

Si una creyente tiene un esposo que no es creyente y él está dispuesto a seguir viviendo con ella, no debe abandonarlo. Pues la esposa creyente da santidad a su matrimonio, y el esposo creyente da santidad al suyo. De otro modo, sus hijos no serían santos, pero ahora son santos. *1 Corintios 7:13, 14*

Ustedes esposas, tienen que aceptar la autoridad de sus esposos. Entonces, aun cuando alguno de ellos se niegue a obedecer la Buena Noticia, la vida recta de ustedes les hablará sin palabras. Ellos serán ganados. *1 Pedro 3:1*

No es que el Señor sea lento para cumplir su promesa, como algunos piensan. Al contrario, es paciente por amor a ustedes. No quiere que nadie sea destruido; quiere que todos se arrepientan. *2 Pedro 3:9*

Padres – sus obligaciones

Yo lo escogí a fin de que él ordene a sus hijos y a sus familias que se mantengan en el camino del Señor haciendo lo que es correcto y justo. Entonces yo haré por Abraham todo lo que he prometido.
Génesis 18:19

¡Pero cuidado! Asegúrate de nunca olvidar lo que viste con tus propios ojos. ¡No dejes que esas experiencias se te borren de la mente mientras vivas! Y asegúrate de transmitirlas a tus hijos y a tus nietos. Jamás te olvides del día que estuviste ante el Señor tu Dios en el monte Sinaí, donde él me dijo: Convoca al pueblo para que se presente ante mí, y yo mismo lo instruiré. Entonces ellos aprenderán a temerme toda su vida y les enseñarán a sus hijos que también me teman. *Deuteronomio 4:9, 10*

Enséñalas a tus hijos. Habla de ellas en tus conversaciones cuando estés en tu casa y cuando vayas por el camino, cuando te acuestes y cuando te levantes. *Deuteronomio 11:19*

No les ocultaremos estas verdades a nuestros hijos; a la próxima generación le contaremos de las gloriosas obras del Señor, de su poder y de sus imponentes maravillas. Pues emitió sus leyes a Jacob; entregó sus enseñanzas a Israel. Les ordenó a nuestros antepasados que se las enseñaran a sus hijos, para que la siguiente generación las conociera, incluso los niños que aún no habían nacido, y ellos, a su vez, las enseñarán a sus propios hijos. De modo que cada generación volviera a poner su esperanza en Dios y no olvidara sus gloriosos milagros, sino que obedeciera sus mandamientos. *Salmo 78:4-7*

Dirige a tus hijos por el camino correcto, y cuando sean mayores, no lo abandonarán. *Proverbios 22:6*

Disciplina a tus hijos, y te darán tranquilidad de espíritu y alegrarán tu corazón. *Proverbios 29:17*

Padres, no hagan enojar a sus hijos con la forma en que los tratan. Más bien, críenlos con la disciplina e instrucción que proviene del Señor. *Efesios 6:4*

Padres, no exasperen a sus hijos, para que no se desanimen.
Colosenses 3:21

Palabra de Dios

Comprométete de todo corazón a cumplir estas palabras que te doy. Átalas a tus manos y llévalas sobre la frente para recordarlas.
Deuteronomio 11:18

Estudia constantemente este libro de instrucción. Medita en él de día y de noche para asegurarte de obedecer todo lo que allí está escrito. Solamente entonces prosperarás y te irá bien en todo lo que hagas.
Josué 1:8

Tu palabra es una lámpara que guía mis pies y una luz para mi camino. *Salmo 119:105*

La enseñanza de tu palabra da luz, de modo que hasta los simples pueden entender. *Salmo 119:130*

Su mandato es una lámpara y su instrucción es una luz; su disciplina correctiva es el camino que lleva a la vida. *Proverbios 6:23*

Ahora los encomiendo a Dios y al mensaje de su gracia, que tiene poder para edificarlos y darles una herencia junto con todos los que él ha consagrado para sí mismo. *Hechos 20:32*

No me avergüenzo de la Buena Noticia acerca de Cristo, porque es poder de Dios en acción para salvar a todos los que creen, a los judíos primero y también a los gentiles. *Romanos 1:16*

La fe viene por oír, es decir, por oír la Buena Noticia acerca de Cristo. *Romanos 10:16, 17*

Desde la niñez, se te han enseñado las sagradas Escrituras, las cuales te han dado la sabiduría para recibir la salvación que viene por confiar en Cristo Jesús. Toda la Escritura es inspirada por Dios y es útil para enseñarnos lo que es verdad y para hacernos ver lo que está mal en nuestra vida. Nos corrige cuando estamos equivocados y nos enseña a hacer lo correcto. *2 Timoteo 3:15, 16*

La palabra de Dios es viva y poderosa. Es más cortante que cualquier espada de dos filos; penetra entre el alma y el espíritu, entre la articulación y la médula del hueso. Deja al descubierto nuestros pensamientos y deseos más íntimos. *Hebreos 4:12*

Han nacido de nuevo pero no a una vida que pronto se acabará. Su nueva vida durará para siempre porque proviene de la eterna y viviente palabra de Dios. *1 Pedro 1:23*

Como bebés recién nacidos, deseen con ganas la leche espiritual pura para que crezcan a una experiencia plena de la salvación. Pidan a gritos ese alimento nutritivo. *1 Pedro 2:2*

Debido a esa experiencia, ahora confiamos aún más en el mensaje que proclamaron los profetas. Ustedes deben prestar mucha atención a lo que ellos escribieron, porque sus palabras son como una lámpara que brilla en un lugar oscuro hasta que el Día amanezca y Cristo, la Estrella de la Mañana, brille en el corazón de ustedes. *2 Pedro 1:19*

Dios bendice al que lee a la iglesia las palabras de esta profecía y bendice a todos los que escuchan el mensaje y obedecen lo que dice, porque el tiempo está cerca. *Apocalipsis 1:3*

Paz

El Señor le respondió: Yo mismo iré contigo, Moisés, y te daré descanso; todo te saldrá bien. *Éxodo 33:14*

Que el Señor te bendiga y te proteja. Que el Señor sonría sobre ti y sea compasivo contigo. Que el Señor te muestre su favor y te dé su paz. *Números 6:24-26*

Miren a los que son buenos y honestos, porque a los que aman la paz les espera un futuro maravilloso. *Salmo 37:37*

Presto mucha atención a lo que dice Dios el Señor, pues él da palabras de paz a su pueblo fiel. *Salmo 85:8*

Los que aman tus enseñanzas tienen mucha paz y no tropiezan. *Salmo 119:165*

¡Tú guardarás en perfecta paz a todos los que confían en ti; a todos los que concentran en ti sus pensamientos! *Isaías 26:3*

La rectitud traerá la paz, es cierto, traerá tranquilidad y confianza para siempre. *Isaías 32:17*

Los que andan por el camino de la justicia descansarán en paz cuando mueran. *Isaías 57:2*

Pónganse mi yugo. Déjenme enseñarles, porque yo soy humilde y tierno de corazón, y encontrarán descanso para el alma. *Mateo 11:29*

Les dejo un regalo: paz en la mente y en el corazón. Y la paz que yo doy es un regalo que el mundo no puede dar. Así que no se angustien ni tengan miedo. *Juan 14:27*

Ya que fuimos declarados justos a los ojos de Dios por medio de la fe, tenemos paz con Dios gracias a lo que Jesucristo nuestro Señor hizo por nosotros. Debido a nuestra fe, Cristo nos hizo entrar en este lugar de privilegio inmerecido en el cual ahora permanecemos, y esperamos con confianza y alegría participar de la gloria de Dios. *Romanos 5:1,2*

Cristo mismo nos ha traído la paz. Él unió a judíos y a gentiles en un solo pueblo cuando, por medio de su cuerpo en la cruz, derribó el muro de hostilidad que nos separaba. *Efesios 2:14*

La paz de Dios, que supera todo lo que podemos entender, cuidará su corazón y su mente mientras vivan en Cristo Jesús. *Filipenses 4:7*

Que la paz que viene de Cristo gobierne en sus corazones. Pues, como miembros de un mismo cuerpo, ustedes son llamados a vivir en paz. Y sean siempre agradecidos. *Colosenses 3:15*

Que el mismo Señor de paz les dé su paz en todo momento y en cada situación. El Señor sea con todos ustedes. *2 Tesalonicenses 3:16*

Pecado Sexual

¿Quién podrá encontrar una esposa virtuosa y capaz? Es más preciosa que los rubíes. *Proverbios 31:10*

Ustedes dicen: La comida se hizo para el estómago, y el estómago, para la comida. (Eso es cierto, aunque un día Dios acabará con ambas cosas). Pero ustedes no pueden decir que nuestro cuerpo fue creado para la inmoralidad sexual. Fue creado para el Señor, y al Señor le importa nuestro cuerpo. *1 Corintios 6:13*

¿No se dan cuenta de que sus cuerpos en realidad son miembros de Cristo? ¿Acaso un hombre debería tomar su cuerpo, que es parte de Cristo, y unirlo a una prostituta? ¡Jamás! *1 Corintios 6:15*

¡Huyan del pecado sexual! Ningún otro pecado afecta tanto el cuerpo como este, porque la inmoralidad sexual es un pecado contra el propio cuerpo. ¿No se dan cuenta de que su cuerpo es el templo del Espíritu Santo, quien vive en ustedes y les fue dado por Dios? Ustedes no se pertenecen a sí mismos, porque Dios los compró a un alto precio. Por lo tanto, honren a Dios con su cuerpo. *1 Corintios 6:18-20*

Les digo a los solteros y a las viudas: es mejor quedarse sin casar, tal como yo; pero si no pueden controlarse, entonces deberían casarse. Es mejor casarse que arder de pasión. *1 Corintios 7:8, 9*

Si ha decidido con toda firmeza no casarse y no hay urgencia y puede controlar sus pasiones, hace bien en no casarse. *1 Corintios 7:37*

Las tentaciones que enfrentan en su vida no son distintas de las que otros atraviesan. Y Dios es fiel; no permitirá que la tentación sea mayor de lo que puedan soportar. Cuando sean tentados, él les mostrará una salida, para que puedan resistir. *1 Corintios 10:13*

La voluntad de Dios es que sean santos, entonces aléjense de todo pecado sexual. *1 Tesalonicenses 4:3*

Debido a que él mismo ha pasado por sufrimientos y pruebas, puede ayudarnos cuando pasamos por pruebas. *Hebreos 2:18*

Nuestro Sumo Sacerdote comprende nuestras debilidades, porque enfrentó todas y cada una de las pruebas que enfrentamos nosotros, sin embargo, él nunca pecó. 16 Así que acerquémonos con toda confianza al trono de la gracia de nuestro Dios. Allí recibiremos su misericordia y encontraremos la gracia que nos ayudará cuando más la necesitemos. *Hebreos 4:15, 16*

Honren el matrimonio, y los casados manténganse fieles el uno al otro. Con toda seguridad, Dios juzgará a los que cometen inmoralidades sexuales y a los que cometen adulterio. *Hebreos 13:4*

Dios bendice a los que soportan con paciencia las pruebas y las tentaciones, porque después de superarlas, recibirán la corona de vida que Dios ha prometido a quienes lo aman. *Santiago 1:12*

El Señor sabe rescatar de las pruebas a todos los que viven en obediencia a Dios, al mismo tiempo que mantiene castigados a los perversos hasta el día del juicio final. *2 Pedro 2:9*

Ellos se han mantenido tan puros como vírgenes, y son los que siguen al Cordero dondequiera que va. Han sido comprados de entre los pueblos de la tierra como ofrenda especial para Dios y para el Cordero. *Apocalipsis 14:4*

Perdón

Te confesé todos mis pecados y ya no intenté ocultar mi culpa. Me dije: Le confesaré mis rebeliones al Señor, ¡y tú me perdonaste! Toda mi culpa desapareció. *Salmo 32:5, 6*

Perdonaste la culpa de tu pueblo; sí, cubriste todos sus pecados.
Salmo 85:2

Protégeme, pues estoy dedicado a ti. Sálvame, porque te sirvo y confío en ti; tú eres mi Dios. *Salmo 86:2*

Él perdona todos mis pecados y sana todas mis enfermedades.
Salmo 103:3

Llevó nuestros pecados tan lejos de nosotros como está el oriente del occidente. El Señor es como un padre con sus hijos, tierno y compasivo con los que le temen. Pues él sabe lo débiles que somos; se acuerda de que somos tan solo polvo. *Salmo 103:12-14*

No digas: Me voy a vengar de este mal; espera a que el Señor se ocupe del asunto. *Proverbios 20:22*

Perdonaré sus maldades y nunca más me acordaré de sus pecados.
Jeremías 31:34

¿Dónde hay otro Dios como tú, que perdona la culpa del remanente y pasa por alto los pecados de su preciado pueblo? No seguirás enojado con tu pueblo para siempre, porque tú te deleitas en mostrar tu amor inagotable. Volverás a tener compasión de nosotros. ¡Aplastarás nuestros pecados bajo tus pies y los arrojarás a las profundidades del océano! *Miqueas 7:18, 19*

Pero yo digo: ¡ama a tus enemigos! ¡Ora por los que te persiguen! De esa manera, estarás actuando como verdadero hijo de tu Padre que está en el cielo. Pues él da la luz de su sol tanto a los malos como a los buenos y envía la lluvia sobre los justos y los injustos por igual.
Mateo 5:44, 45

Si perdonas a los que pecan contra ti, tu Padre celestial te perdonará a ti. *Mateo 6:14*

Cuando estén orando, primero perdonen a todo aquel contra quien guarden rencor, para que su Padre que está en el cielo también les perdone a ustedes sus pecados. *Marcos 11:25*

De él dan testimonio todos los profetas cuando dicen que a todo el que cree en él se le perdonarán los pecados por medio de su nombre.
Hechos 10:43

Si tus enemigos tienen hambre, dales de comer. Si tienen sed, dales de beber. Al hacer eso, amontonarás carbones encendidos de vergüenza sobre su cabeza. *Romanos 12:20*

¡Amen a sus enemigos! Háganles bien. Presten sin esperar nada a cambio. Entonces su recompensa del cielo será grande, y se estarán comportando verdaderamente como hijos del Altísimo, pues él es bondadoso con los que son desagradecidos y perversos. Deben ser compasivos, así como su Padre es compasivo. No juzguen a los demás, y no serán juzgados. No condenen a otros, para que no se vuelva en su contra. Perdonen a otros, y ustedes serán perdonados. Den, y recibirán. Lo que den a otros les será devuelto por completo: apretado, sacudido para que haya lugar para más, desbordante y derramado sobre el regazo. La cantidad que den determinará la cantidad que recibirán a cambio. *Lucas 6:35-38*

Si confesamos nuestros pecados a Dios, él es fiel y justo para perdonarnos nuestros pecados y limpiarnos de toda maldad.
1 Juan 1:9

Pereza

Los perezosos pronto se empobrecen; los que se esfuerzan en su trabajo se hacen ricos. El joven sabio cosecha en el verano, pero el que se duerme durante la siega es una vergüenza. *Proverbios 10:4, 5*

El que se esfuerza en su trabajo tiene comida en abundancia, pero el que persigue fantasías no tiene sentido común. *Proverbios 12:11*

Trabaja duro y serás un líder; sé un flojo y serás un esclavo.
Proverbios 12:24

Los perezosos ambicionan mucho y obtienen poco, pero los que trabajan con esmero prosperarán. *Proverbios 13:4*

La granja del pobre puede que produzca mucho alimento, pero la injusticia arrasa con todo. *Proverbios 13:23*

El camino de los perezosos está obstruido por espinas, pero la senda de los íntegros es una carretera despejada. *Proverbios 15:19*

Si te encanta dormir terminarás en la pobreza. ¡Mantén los ojos abiertos y tendrás comida en abundancia! *Proverbios 20:13*

Los planes bien pensados y el arduo trabajo llevan a la prosperidad, pero los atajos tomados a la carrera conducen a la pobreza.
Proverbios 21:5

Pasé por el campo de un perezoso, por el viñedo de uno que carece de sentido común. Vi que habían crecido espinos por todas partes. Estaba cubierto de maleza, y sus muros destruidos. Entonces, mientras miraba y pensaba en lo que veía, aprendí esta lección: un rato más de dormir, un poquito más de sueño, un breve descanso con los brazos cruzados, entonces la pobreza te asaltará como un bandido; la escasez te atacará como un ladrón armado. *Proverbios 24:30-34*

Mantente al tanto del estado de tus rebaños y entrégate de lleno al cuidado de tus ganados, y tendrás suficiente leche de cabra para ti, para tu familia y para tus criadas. *Proverbios 27:23, 27*

El que se esfuerza en su trabajo tiene comida en abundancia, pero el que persigue fantasías termina en la pobreza. *Proverbios 28:19*

He notado al menos una cosa positiva. Es bueno que la gente coma, beba y disfrute del trabajo que hace bajo el sol durante el corto tiempo de vida que Dios le concedió, y que acepte su destino. También es algo bueno recibir riquezas de parte de Dios y la buena salud para disfrutarlas. Disfrutar del trabajo y aceptar lo que depara la vida son verdaderos regalos de Dios. *Eclesiastés 5:18, 19*

No sean nunca perezosos, más bien trabajen con esmero y sirvan al Señor con entusiasmo. *Romanos 12:11*

Si eres ladrón, deja de robar. En cambio, usa tus manos en un buen trabajo digno y luego comparte generosamente con los que tienen necesidad.
Efesios 4:28

Pónganse como objetivo vivir una vida tranquila, ocúpense de sus propios asuntos y trabajen con sus manos, tal como los instruimos anteriormente. Entonces aquellos que no son creyentes respetarán la manera en que ustedes viven, y ustedes no tendrán que depender de otros.
1 Tesalonicenses 4:11, 12

Mientras estábamos con ustedes les dimos la siguiente orden: Los que no están dispuestos a trabajar que tampoco coman. Sin embargo, oímos que algunos de ustedes llevan vidas de ocio, se niegan a trabajar y se entrometen en los asuntos de los demás. Les ordenamos a tales personas y les rogamos en el nombre del Señor Jesucristo que se tranquilicen y que trabajen para ganarse la vida.
2 Tesalonicenses 3:10-12

El agricultor que se esfuerza en su trabajo debería ser el primero en gozar del fruto de su labor.
2 Timoteo 2:6

Persecución

Ustedes se propusieron hacerme mal, pero Dios dispuso todo para bien. Él me puso en este cargo para que yo pudiera salvar la vida de muchas personas.
Génesis 50:20

Clamé al Señor, quien es digno de alabanza, y me salvó de mis enemigos.
2 Samuel 22:4

Sé que el Señor siempre está conmigo. No seré sacudido, porque él está aquí a mi lado.
Salmo 16:8

Muchos son los dolores de los malvados, pero el amor inagotable rodea a los que confían en el Señor.
Salmo 32:10

No te inquietes a causa de los malvados ni tengas envidia de los que hacen lo malo. Pues como la hierba, pronto se desvanecen; como las flores de primavera, pronto se marchitan.
Salmo 37:1, 2

El Señor da rectitud y hace justicia a los que son tratados injustamente. *Salmo 103:6*

¡Canten al Señor! ¡Alaben al Señor! Pues al pobre y al necesitado los ha rescatado de sus opresores. *Jeremías 20:13*

El Señor dice: Yo pelearé contra quienes peleen contigo, y salvaré a tus hijos. *Isaías 49:25*

Los perversos no gobernarán la tierra de los justos, porque entonces los justos podrían ser tentados a hacer el mal. *Salmo 125:3*

Dios bendice a los que son perseguidos por hacer lo correcto, porque el reino del cielo les pertenece. *Mateo 5:10*

Apártate del mal y haz el bien. Busca la paz y esfuérzate por mantenerla. Los ojos del Señor están sobre los que hacen lo bueno, y sus oídos están abiertos a sus oraciones. Pero el Señor aparta su rostro de los que hacen lo malo. *1 Pedro 3:11, 12*

Pobreza

Finalmente allí se estableció tu pueblo y, con una abundante cosecha, oh Dios, proveíste para tu pueblo necesitado. *Salmo 68:10*

Pues el Señor oye el clamor de los necesitados; no desprecia a su pueblo encarcelado. *Salmo 69:33*

Rescatará a los pobres cuando a él clamen; ayudará a los oprimidos, que no tienen quién los defienda. Él siente compasión por los débiles y los necesitados, y los rescatará. *Salmo 72:12, 13*

Escuchará las oraciones de los desposeídos; no rechazará sus ruegos. *Salmo 102:17*

Rescata de la dificultad a los pobres y hace crecer a sus familias como rebaños de ovejas. *Salmo 107:41*

Levanta del polvo a los pobres, y a los necesitados, del basurero. *Salmo 113:7*

Bendeciré a esta ciudad y la haré próspera; saciaré a sus pobres con alimento. *Salmo 132:15*

¡Canten al Señor! ¡Alaben al Señor! Pues al pobre y al necesitado los ha rescatado de sus opresores. *Jeremías 20:13*

Protección de Dios

Moisés dijo lo siguiente sobre la tribu de Benjamín: Los de Benjamín son amados por el Señor y viven seguros a su lado. Él los rodea continuamente y los protege de todo daño. *Deuteronomio 33:12*

Te reirás de la destrucción y del hambre, y no tendrás terror de los animales salvajes. *Job 5:22*

Tener esperanza te dará valentía. Estarás protegido y descansarás seguro. Te acostarás sin temor; muchos buscarán tu ayuda. *Job 11:18, 19*

En paz me acostaré y dormiré, porque solo tú, oh Señor, me mantendrás a salvo. *Salmo 4:8*

El Señor es mi luz y mi salvación, entonces ¿por qué habría de temer? El Señor es mi fortaleza y me protege del peligro, entonces ¿por qué habría de temblar? *Salmo 27:1*

Si haces al Señor tu refugio y al Altísimo tu resguardo, ningún mal te conquistará; ninguna plaga se acercará a tu hogar. *Salmo 91:9, 10*

Ellos no tienen miedo de malas noticias; confían plenamente en que el Señor los cuidará. *Salmo 112:7*

El Señor te libra de todo mal y cuida tu vida. El Señor te protege al entrar y al salir, ahora y para siempre. *Salmo 121:7, 8*

En cambio, todos los que me escuchan vivirán en paz, tranquilos y sin temor del mal. *Proverbios 1:33*

Puedes irte a dormir sin miedo; te acostarás y dormirás profundamente. *Proverbios 3:24*

El nombre del Señor es una fortaleza firme; los justos corren a él y quedan a salvo. *Proverbios 18:10*

Escucha al Señor, quien te creó. Oh Israel, el que te formó dice: No tengas miedo, porque he pagado tu rescate; te he llamado por tu nombre; eres mío. Cuando pases por aguas profundas, yo estaré contigo. Cuando pases por ríos de dificultad, no te ahogarás. Cuando pases por el fuego de la opresión, no te quemarás; las llamas no te consumirán. *Isaías 43:1, 2*

Ya no serán presa de otras naciones, ni animales salvajes los devorarán. Vivirán seguros y nadie los atemorizará. *Ezequiel 34:28*

Ahora bien, ¿quién querrá hacerles daño si ustedes están deseosos de hacer el bien? *1 Pedro 3:13*

Provisión

Solamente él es tu Dios, el único digno de tu alabanza, el que ha hecho los milagros poderosos que viste con tus propios ojos. *Deuteronomio 10:21*

¡El Señor su Dios va con ustedes! ¡Él peleará por ustedes contra sus enemigos y les dará la victoria! *Deuteronomio 20:4*

Él levanta al pobre del polvo y al necesitado del basurero. Los pone entre los príncipes y los coloca en los asientos de honor. Pues toda la tierra pertenece al Señor, y él puso en orden el mundo. Él protegerá a sus fieles, pero los perversos desaparecerán en la oscuridad. Nadie tendrá éxito solamente por la fuerza. *1 Samuel 2:8, 9*

Todos los que están aquí reunidos sabrán que el Señor rescata a su pueblo, pero no con espada ni con lanza. ¡Esta es la batalla del Señor, y los entregará a ustedes en nuestras manos! *1 Samuel 17:47*

Nuestros antepasados confiaron en ti, y los rescataste. Clamaron a ti, y los salvaste; confiaron en ti y nunca fueron avergonzados. *Salmo 22:4, 5*

¡Eres el Dios de grandes maravillas! Demuestras tu asombroso poder entre las naciones. *Salmo 77:14*

Pues el Señor es nuestro juez, nuestro legislador y nuestro rey; él cuidará de nosotros y nos salvará. *Isaías 33:22*

El Señor es el Dios eterno, el Creador de toda la tierra. Él nunca se debilita ni se cansa; nadie puede medir la profundidad de su entendimiento. Él da poder a los indefensos y fortaleza a los débiles. *Isaías 40:28, 29*

Yo te sostengo de tu mano derecha; yo, el Señor tu Dios. Y te digo: No tengas miedo, aquí estoy para ayudarte. *Isaías 41:13*

Recompensa

El Señor me recompensó por hacer lo correcto; me restauró debido a mi inocencia. *2 Samuel 22:21*

Yo, el Señor, investigo todos los corazones y examino las intenciones secretas. A todos les doy la debida recompensa, según lo merecen sus acciones. *Jeremías 17:10*

Entrega tu ayuda en privado, y tu Padre, quien todo lo ve, te recompensará. *Mateo 6:4*

Jesús contestó: Les aseguro que cuando el mundo se renueve y el Hijo del Hombre se siente sobre su trono glorioso, ustedes que han sido mis seguidores también se sentarán en doce tronos para juzgar a las doce tribus de Israel. Y todo el que haya dejado casas o hermanos o hermanas o padre o madre o hijos o bienes por mi causa recibirá cien veces más a cambio y heredará la vida eterna. *Mateo 19:28, 29*

Todo el que quiera servirme debe seguirme, porque mis siervos tienen que estar donde yo estoy. El Padre honrará a todo el que me sirva. *Juan 12:26*

Recuerden que el Señor los recompensará con una herencia y que el Amo a quien sirven es Cristo. *Colosenses 3:24*

Me espera el premio, la corona de justicia que el Señor, el Juez justo, me dará el día de su regreso; y el premio no es solo para mí, sino para todos los que esperan con anhelo su venida. *2 Timoteo 4:8*

Toda la alabanza sea para Dios, el Padre de nuestro Señor Jesucristo. Es por su gran misericordia que hemos nacido de nuevo, porque Dios levantó a Jesucristo de los muertos. Ahora vivimos con gran expectación y tenemos una herencia que no tiene precio, una herencia que está reservada en el cielo para ustedes, pura y sin mancha, que no puede cambiar ni deteriorarse. Por la fe que tienen, Dios los protege con su poder hasta que reciban esta salvación, la cual está lista para ser revelada en el día final, a fin de que todos la vean.
1 Pedro 1:3-5

Cuando venga el Gran Pastor, recibirán una corona de gloria y honor eternos. *1 Pedro 5:4*

Rectitud

La victoria proviene de ti, oh Señor; bendice a tu pueblo. *Salmo 3:8*

Tú bendices a los justos, oh Señor; los rodeas con tu escudo de amor.
Salmo 5:12

Ciertamente tu bondad y tu amor inagotable me seguirán todos los días de mi vida, y en la casa del Señor viviré por siempre. *Salmo 23:6*

Hasta los leones jóvenes y fuertes a veces pasan hambre, pero a los que confían en el Señor no les faltará ningún bien. *Salmo 34:10*

Todos dirán: Es verdad que hay recompensa para los que viven para Dios; es cierto que existe un Dios que juzga con justicia aquí en la tierra. *Salmo 58:11*

El Señor Dios es nuestro sol y nuestro escudo; él nos da gracia y gloria. El Señor no negará ningún bien a quienes hacen lo que es correcto. *Salmo 84:11*

Los temores del perverso se cumplirán; las esperanzas del justo se concederán. *Proverbios 10:24*

El que confía en su dinero se hundirá, pero los justos reverdecen como las hojas en primavera. *Proverbios 11:28*

El Señor aprueba a los que son buenos, pero condena a quienes traman el mal. *Proverbios 12.2*

Los problemas persiguen a los pecadores, mientras que las bendiciones recompensan a los justos. *Proverbios 13:21*

Díganles a los justos que a ellos les irá bien en todo. ¡Disfrutarán de la rica recompensa que se han ganado! *Isaías 3:10*

Busquen el reino de Dios por encima de todo lo demás y lleven una vida justa, y él les dará todo lo que necesiten. *Mateo 6:33*

Si Dios no se guardó ni a su propio Hijo, sino que lo entregó por todos nosotros, ¿no nos dará también todo lo demás? *Romanos 8:32*

No se jacten de seguir a un líder humano en particular. Pues a ustedes les pertenece todo: ya sea Pablo o Apolos o Pedro, o el mundo, o la vida y la muerte, o el presente y el futuro. Todo les pertenece a ustedes, y ustedes pertenecen a Cristo, y Cristo pertenece a Dios.
1 Corintios 3:21-23

Redención

Él fue traspasado por nuestras rebeliones y aplastado por nuestros pecados. Fue golpeado para que nosotros estuviéramos en paz; fue azotado para que pudiéramos ser sanados. Todos nosotros nos hemos extraviado como ovejas; hemos dejado los caminos de Dios para seguir los nuestros. Sin embargo, el Señor puso sobre él los pecados de todos nosotros. *Isaías 53:5, 6*

Tendrá un hijo y lo llamarás Jesús, porque él salvará a su pueblo de sus pecados. *Mateo 1:21*

Esto es mi sangre, la cual confirma el pacto entre Dios y su pueblo. Es derramada como sacrificio para perdonar los pecados de muchos.
Mateo 26:28

Al día siguiente, Juan vio que Jesús se le acercaba y dijo: ¡Miren! ¡El Cordero de Dios, que quita el pecado del mundo! *Juan 1:29*

Por medio de este hombre Jesús, ustedes tienen el perdón de sus pecados. *Hechos 13:38*

Tal como Dios nuestro Padre lo planeó, Jesús entregó su vida por nuestros pecados para rescatarnos de este mundo de maldad en el que vivimos. *Gálatas 1:4*

Dios es tan rico en gracia y bondad que compró nuestra libertad con la sangre de su Hijo y perdonó nuestros pecados. *Efesios 1:7*
La siguiente declaración es digna de confianza, y todos deberían aceptarla: Cristo Jesús vino al mundo para salvar a los pecadores», de los cuales yo soy el peor de todos. *1 Timoteo 1:15*

También Cristo fue ofrecido una sola vez y para siempre, a fin de quitar los pecados de muchas personas. Cristo vendrá otra vez, no para ocuparse de nuestros pecados, sino para traer salvación a todos los que esperan con anhelo su venida. *Hebreos 9:28*

Pues mediante esa única ofrenda, él perfeccionó para siempre a los que está haciendo santos. *Hebreos 10:14*

Él mismo cargó nuestros pecados sobre su cuerpo en la cruz, para que nosotros podamos estar muertos al pecado y vivir para lo que es recto. Por sus heridas, ustedes son sanados. *1 Pedro 2:24*

Si alguno peca, tenemos un abogado que defiende nuestro caso ante el Padre. Es Jesucristo, el que es verdaderamente justo. Él mismo es el sacrificio que pagó por nuestros pecados, y no solo los nuestros sino también los de todo el mundo. *1 Juan 2:1, 2*

Sabiduría

Bendeciré al Señor, quien me guía; aun de noche mi corazón me enseña. *Salmo 16:7*

El Señor dice: Te guiaré por el mejor sendero para tu vida; te aconsejaré y velaré por ti. *Salmo 32:8*

Pero tú deseas honradez desde el vientre y aun allí me enseñas sabiduría. *Salmo 51:6*

Hijo mío, presta atención a lo que digo y atesora mis mandatos. Entonces comprenderás lo que significa temer al Señor y obtendrás conocimiento de Dios. ¡Pues el Señor concede sabiduría! De su boca provienen el saber y el entendimiento. Al que es honrado, él le concede el tesoro del sentido común. Él es un escudo para los que caminan con integridad. *Proverbios 2:1, 5-7*

Los malvados no comprenden la justicia, pero los que siguen al Señor la entienden a la perfección. *Proverbios 28:5*

Él nos enseñará sus caminos, y andaremos en sus sendas. *Isaías 2:3*

Dios, quien dijo: Que haya luz en la oscuridad, hizo que esta luz brille en nuestro corazón para que podamos conocer la gloria de Dios que se ve en el rostro de Jesucristo. *Santiago 1:5*

Si necesitan sabiduría, pídansela a nuestro generoso Dios, y él se la dará; no los reprenderá por pedirla. *2 Corintios 4:6*

Sabemos que el Hijo de Dios ha venido y nos ha dado entendimiento, para que podamos conocer al Dios verdadero. Y ahora vivimos en comunión con el Dios verdadero porque vivimos en comunión con su Hijo, Jesucristo. Él es el único Dios verdadero y él es la vida eterna. *1 Juan 5:20*

Salvación

A todos los que creyeron en él y lo recibieron, les dio el derecho de llegar a ser hijos de Dios. *Juan 1:12*

Jesús le respondió: Te digo la verdad, a menos que nazcas de nuevo, no puedes ver el reino de Dios. ¿Qué quieres decir? exclamó Nicodemo. ¿Cómo puede un hombre mayor volver al vientre de su madre y nacer de nuevo? Jesús le contestó: Te digo la verdad, nadie puede entrar en el reino de Dios si no nace de agua y del Espíritu. El ser humano solo puede reproducir la vida humana, pero la vida espiritual nace del Espíritu Santo. Así que no te sorprendas cuando digo: Tienen que nacer de nuevo. *Juan 3:3-7*

Los que creen en el Hijo de Dios tienen vida eterna. Los que no obedecen al Hijo nunca tendrán vida eterna, sino que permanecen bajo la ira del juicio de Dios. *Juan 3:36*

Todos los que escuchan mi mensaje y creen en Dios, quien me envió, tienen vida eterna. Nunca serán condenados por sus pecados, pues ya han pasado de la muerte a la vida. *Juan 5:24*

Les digo la verdad, todo el que cree, tiene vida eterna. *Juan 6:47*

Les doy vida eterna, y nunca perecerán. Nadie puede quitármelas, *Juan 10:28*

Ellos le contestaron: Cree en el Señor Jesús y serás salvo, junto con todos los de tu casa. *Hechos 16:31*

Hay una gran diferencia entre el pecado de Adán y el regalo del favor inmerecido de Dios. Pues el pecado de un solo hombre, Adán, trajo muerte a muchos; pero aún más grande es la gracia maravillosa de Dios y el regalo de su perdón para muchos por medio de otro hombre, Jesucristo. *Romanos 5:15*

Como nos dicen las Escrituras: Todo el que confíe en él jamás será avergonzado. No hay diferencia entre los judíos y los gentiles en ese sentido. Ambos tienen al mismo Señor, quien da con generosidad a todos los que lo invocan. Pues todo el que invoque el nombre del Señor será salvo. *Romanos 10:11-13*

Todo el que pertenece a Cristo se ha convertido en una persona nueva. La vida antigua ha pasado; ¡una nueva vida ha comenzado! *2 Corintios 5:17*

Dios hizo que Cristo, quien nunca pecó, fuera la ofrenda por nuestro pecado, para que nosotros pudiéramos estar en una relación correcta con Dios por medio de Cristo. *2 Corintios 5:21*

Dios es tan rico en gracia y bondad que compró nuestra libertad con la sangre de su Hijo y perdonó nuestros pecados. *Efesios 1:7*

Ustedes estaban muertos a causa de sus pecados y porque aún no les habían quitado la naturaleza pecaminosa. Entonces Dios les dio vida con Cristo al perdonar todos nuestros pecados. *Colosenses 2:13*

Dios nuestro Salvador, quiere que todos se salven y lleguen a conocer la verdad. *1 Timoteo 2:3, 4*

Nuestra esperanza está puesta en el Dios viviente, quien es el Salvador de toda la humanidad y, en especial, de todos los creyentes. *1 Timoteo 4:9, 10*

Cuando Dios nuestro Salvador dio a conocer su bondad y amor, él nos salvó, no por las acciones justas que nosotros habíamos hecho, sino por su misericordia. Nos lavó, quitando nuestros pecados, y nos dio un nuevo nacimiento y vida nueva por medio del Espíritu Santo. Él derramó su Espíritu sobre nosotros en abundancia por medio de Jesucristo nuestro Salvador. *Tito 3:4-6*

Puede salvar, una vez y para siempre, a los que vienen a Dios por medio de él, quien vive para siempre, a fin de interceder con Dios a favor de ellos. *Hebreos 7:25*

Mis queridos hijos, les escribo estas cosas, para que no pequen; pero si alguno peca, tenemos un abogado que defiende nuestro caso ante el Padre. Es Jesucristo, el que es verdaderamente justo. Él mismo es el sacrificio que pagó por nuestros pecados, y no solo los nuestros sino también los de todo el mundo. *1 Juan 2:1, 2*

Este es el testimonio que Dios ha dado: él nos dio vida eterna, y esa vida está en su Hijo. El que tiene al Hijo tiene la vida; el que no tiene al Hijo de Dios no tiene la vida. *1 Juan 5:11, 12*

Santidad

Así que consagren su vida para ser santos, porque yo soy el Señor su Dios. Guarden todos mis decretos poniéndolos en práctica, porque yo soy el Señor quien los hace santos. *Levítico 20:7, 8*

Dios hizo que Cristo, quien nunca pecó, fuera la ofrenda por nuestro pecado, para que nosotros pudiéramos estar en una relación correcta con Dios por medio de Cristo. *2 Corintios 5:21*

Antes de haber hecho el mundo, Dios nos amó y nos eligió en Cristo para que seamos santos e intachables a sus ojos. *Efesios 1:4*

Cristo amó a la iglesia. Él entregó su vida por ella a fin de hacerla santa y limpia al lavarla mediante la purificación de la palabra de Dios. Lo hizo para presentársela a sí mismo como una iglesia gloriosa, sin mancha ni arruga ni ningún otro defecto. Será, en cambio, santa e intachable. *Efesios 5:25-27*

Que él, fortalezca su corazón para que esté sin culpa y sea santo al estar ustedes delante de Dios nuestro Padre cuando nuestro Señor Jesús regrese con todo su pueblo santo. *1 Tesalonicenses 3:13*

La voluntad de Dios es que sean santos. *1 Tesalonicenses 4:3*

Mediante su divino poder, Dios nos ha dado todo lo que necesitamos para llevar una vida de rectitud. Todo esto lo recibimos al llegar a conocer a aquel que nos llamó por medio de su maravillosa gloria y excelencia. *2 Pedro 1:3*

Sabemos que los hijos de Dios no se caracterizan por practicar el pecado, porque el Hijo de Dios los mantiene protegidos, y el maligno no puede tocarlos. *1 Juan 5:18*

Servicio

En cuanto a mí, ciertamente no pecaré contra el Señor al dejar de orar por ustedes. Y seguiré enseñándoles lo que es bueno y correcto.
1 Samuel 12:23

Uno debería ser compasivo con un amigo abatido, pero tú me acusas sin ningún temor del Todopoderoso. *Job 6:14*

¡Qué alegría hay para los que tratan bien a los pobres. *Salmo 41:1*

Les va bien a los que prestan dinero con generosidad y manejan sus negocios equitativamente. El Señor los rescata cuando están en apuros. *Salmo 112:5*

Si ayudas al pobre, le prestas al Señor, ¡y él te lo pagará!
Proverbios 19:17

Dios bendice a los que procuran la paz, porque serán llamados hijos de Dios. *Mateo 5:9*

Si le dan siquiera un vaso de agua fresca a uno de mis seguidores más insignificantes, les aseguro que recibirán una recompensa.
Mateo 10:42

A cada uno de nosotros se nos da un don espiritual para que nos ayudemos mutuamente. *1 Corintios 12:7*

Toda la alabanza sea para Dios, el Padre de nuestro Señor Jesucristo. Dios es nuestro Padre misericordioso y la fuente de todo consuelo. Él nos consuela en todas nuestras dificultades para que nosotros podamos consolar a otros. Cuando otros pasen por dificultades, podremos ofrecerles el mismo consuelo que Dios nos ha dado a nosotros. *2 Corintios 1:3, 4*

No es que pensemos que estamos capacitados para hacer algo por nuestra propia cuenta. Nuestra aptitud proviene de Dios. Él nos capacitó para que seamos ministros de su nuevo pacto. Este no es un pacto de leyes escritas, sino del Espíritu. El antiguo pacto escrito termina en muerte; pero, de acuerdo con el nuevo pacto, el Espíritu da vida. *2 Corintios 3:5, 6*

Usen su dinero para hacer el bien. Deberían ser ricos en buenas acciones, generosos con los que pasan necesidad y estar siempre dispuestos a compartir con otros. Al hacer esto, acumularán su tesoro como un buen fundamento para el futuro, a fin de poder experimentar lo que es la vida verdadera. *1 Timoteo 6:18, 19*

Dios, de su gran variedad de dones espirituales, les ha dado un don a cada uno de ustedes. Úsenlos bien para servirse los unos a los otros.
1 Pedro 4:10

Soledad

Yo estoy contigo y te protegeré dondequiera que vayas. Llegará el día en que te traeré de regreso a esta tierra. No te dejaré hasta que haya terminado de darte todo lo que te he prometido. *Génesis 28:15*

En cuanto a mí, pobre y necesitado, que el Señor me tenga en sus pensamientos. Tú eres mi ayudador y mi salvador; oh Dios mío, no te demores. *Salmo 40:17*

Cuando ustedes llamen, el Señor les responderá. "Sí, aquí estoy", les contestará enseguida. *Isaías 58:9*

No los abandonaré como a huérfanos; vendré a ustedes. *Juan 14:18*

Yo seré su Padre, y ustedes serán mis hijos e hijas, dice el Señor Todopoderoso. *2 Corintios 6:18*

Ustedes también están completos mediante la unión con Cristo, quien es la cabeza de todo gobernante y toda autoridad. *Colosenses 2:10*

Sufrir

Job contestó: Hablas como una mujer necia. ¿Aceptaremos solo las cosas buenas que vienen de la mano de Dios y nunca lo malo?. A pesar de todo, Job no dijo nada incorrecto. *Job 2:10*

La persona íntegra enfrenta muchas dificultades, pero el Señor llega al rescate en cada ocasión. *Salmo 34:19*

Has permitido que sufra muchas privaciones, pero volverás a darme vida y me levantarás de las profundidades de la tierra. *Salmo 71:20*

¡Él devorará a la muerte para siempre! El Señor Soberano secará todas las lágrimas y quitará para siempre los insultos y las burlas contra su tierra y su pueblo. ¡El Señor ha hablado! *Isaías 25:8*

Guiaré al ciego Israel por una senda nueva, llevándolo por un camino desconocido. Iluminaré las tinieblas a su paso y allanaré el camino

delante de ellos. Ciertamente yo haré estas cosas; no los abandonaré.
Isaías 42:16

Si caminan en tinieblas, sin un solo rayo de luz, confíen en el Señor y dependan de su Dios. *Isaías 50:10*

Nos alegramos al enfrentar pruebas y dificultades porque sabemos que nos ayudan a desarrollar resistencia. Y la resistencia desarrolla firmeza de carácter, y el carácter fortalece nuestra esperanza segura de salvación. *Romanos 5:3, 4*

No hay mérito en ser paciente si a uno lo golpean por haber actuado mal, pero si sufren por hacer el bien y lo soportan con paciencia, Dios se agrada de ustedes. Pues Dios los llamó a hacer lo bueno, aunque eso signifique que tengan que sufrir, tal como Cristo sufrió por ustedes. Él es su ejemplo, y deben seguir sus pasos. *1 Pedro 2:20, 21*

Si sufren por hacer lo correcto, Dios va a recompensarlos. Así que no se preocupen ni tengan miedo a las amenazas. *1 Pedro 3:14*

No se sorprendan de las pruebas de fuego por las que están atravesando, como si algo extraño les sucediera. En cambio, alégrense mucho, porque estas pruebas los hacen ser partícipes con Cristo de su sufrimiento, para que tengan la inmensa alegría de ver su gloria cuando sea revelada a todo el mundo. *1 Pedro 4:12, 13*

En su bondad, Dios los llamó a ustedes a que participen de su gloria eterna por medio de Cristo Jesús. Después de que hayan sufrido un poco de tiempo, él los restaurará, los sostendrá, los fortalecerá y los afirmará sobre un fundamento sólido. *1 Pedro 5:10*

Temor

No se acobarden ante el enojo de nadie, porque la decisión que ustedes tomen será la decisión de Dios. *Deuteronomio 1:17*

No, no les tengas miedo a esas naciones, porque el Señor tu Dios está contigo y él es Dios grande e imponente. *Deuteronomio 7:21*

¡Grande es el Señor! ¡Es el más digno de alabanza! A él hay que temer por sobre todos los dioses. Los dioses de las otras naciones no son más que ídolos, ¡pero el Señor hizo los cielos! *1 Crónicas 16:25, 26*

¡No le tengan miedo al enemigo! Recuerden al Señor, quien es grande y glorioso. *Nehemías 4:14*

En paz me acostaré y dormiré, porque solo tú, oh Señor, me mantendrás a salvo. *Salmo 4:8*

Aun cuando yo pase por el valle más oscuro, no temeré, porque tú estás a mi lado. Tu vara y tu cayado me protegen y me confortan. Me preparas un banquete en presencia de mis enemigos. Me honras ungiendo mi cabeza con aceite. Mi copa se desborda de bendiciones. *Salmo 23:4, 5*

El Señor es mi luz y mi salvación, entonces ¿por qué habría de temer? El Señor es mi fortaleza y me protege del peligro, entonces ¿por qué habría de temblar? Aunque un ejército poderoso me rodee, mi corazón no temerá. Aunque me ataquen, permaneceré confiado. *Salmo 27:1, 3*

Dios es nuestro refugio y nuestra fuerza; siempre está dispuesto a ayudar en tiempos de dificultad. *Salmo 46:1*

Cuando tenga miedo, en ti pondré mi confianza. *Salmo 56:3*

Con sus plumas te cubrirá y con sus alas te dará refugio. Sus fieles promesas son tu armadura y tu protección. No tengas miedo de los terrores de la noche ni de la flecha que se lanza en el día. No temas a la enfermedad que acecha en la oscuridad, ni a la catástrofe que estalla al mediodía. *Salmo 91:4-6*

Todos los que me escuchan vivirán en paz, tranquilos y sin temor del mal. *Proverbios 1:33*

Puedes irte a dormir sin miedo; te acostarás y dormirás profundamente. No hay por qué temer la calamidad repentina ni la destrucción que viene sobre los perversos porque el Señor es tu seguridad. Él cuidará que tu pie no caiga en una trampa. *Proverbios 3:24-26*

Cuando la vida de alguien agrada al Señor, hasta sus enemigos están en paz con él. *Proverbios 16:7*

Temer a la gente es una trampa peligrosa, pero confiar en el Señor significa seguridad. *Proverbios 29:25*

No tengas miedo, porque yo estoy contigo; no te desalientes, porque yo soy tu Dios. Te daré fuerzas y te ayudaré; te sostendré con mi mano derecha victoriosa. *Isaías 41:10*

Yo te sostengo de tu mano derecha; yo, el Señor tu Dios. Y te digo: No tengas miedo, aquí estoy para ayudarte. *Isaías 41:13*

Cuando pases por aguas profundas, yo estaré contigo. Cuando pases por ríos de dificultad, no te ahogarás. Cuando pases por el fuego de la opresión, no te quemarás; las llamas no te consumirán. *Isaías 43:2*

Yo, sí, yo soy quien te consuela. Entonces, ¿por qué les temes a simples seres humanos que se marchitan como la hierba y desaparecen? *Isaías 51:12*

Estarás segura bajo un gobierno justo e imparcial; tus enemigos se mantendrán muy lejos. Vivirás en paz, y el terror no se te acercará. *Isaías 54:14*

Pelearán contra ti como un ejército en ataque, pero yo te haré tan seguro como una pared de bronce fortificada. Ellos no te conquistarán, porque estoy contigo para protegerte y rescatarte. ¡Yo, el Señor, he hablado! *Jeremías 15:20*

La voz del Señor pronto rugirá desde Sión y tronará desde Jerusalén y los cielos y la tierra temblarán; pero el Señor será un refugio para su pueblo, una fortaleza firme para el pueblo de Israel. *Joel 3:16*

No teman a los que quieren matarles el cuerpo; no pueden tocar el alma. Teman solo a Dios, quien puede destruir tanto el alma como el cuerpo en el infierno. *Mateo 10:28*

¿Por qué tienen miedo? ¿Todavía no tienen fe? *Marcos 4:40*

No se preocupe, pequeño rebaño. Pues al Padre le da mucha felicidad entregarles el reino. *Lucas 12:32*

Les dejo un regalo: paz en la mente y en el corazón. Y la paz que yo doy es un regalo que el mundo no puede dar. Así que no se angustien ni tengan miedo. *Juan 14:27*

Y ustedes no han recibido un espíritu que los esclavice al miedo. En cambio, recibieron el Espíritu de Dios cuando él los adoptó como sus propios hijos. Ahora lo llamamos Abba, Padre. *Romanos 8:15*

Claro que no, a pesar de todas estas cosas, nuestra victoria es absoluta por medio de Cristo, quien nos amó. Y estoy convencido de que nada podrá jamás separarnos del amor de Dios. Ni la muerte ni la vida, ni ángeles ni demonios, ni nuestros temores de hoy ni nuestras preocupaciones de mañana. Ni siquiera los poderes del infierno pueden separarnos del amor de Dios. Ningún poder en las alturas ni en las profundidades, de hecho, nada en toda la creación podrá jamás separarnos del amor de Dios, que está revelado en Cristo Jesús nuestro Señor. *Romanos 8:37-39*

Efectivamente él nos rescató del peligro mortal y volverá a hacerlo de nuevo. Hemos depositado nuestra confianza en Dios, y él seguirá rescatándonos. *2 Corintios 1:10*

Podemos decir con toda confianza: El Señor es quien me ayuda, por tanto, no temeré. ¿Qué me puede hacer un simple mortal?
Hebreos 13:6

Los ojos del Señor están sobre los que hacen lo bueno, y sus oídos están abiertos a sus oraciones. Pero el Señor aparta su rostro de los que hacen lo malo. Ahora bien, ¿quién querrá hacerles daño si ustedes están deseosos de hacer el bien? Pero, aun si sufren por hacer lo correcto, Dios va a recompensarlos. Así que no se preocupen ni tengan miedo a las amenazas. *1 Pedro 3:12-14*

Tentación

Si obedeces todos los decretos y los mandatos que te entrego hoy, les irá bien en todo a ti y a tus hijos. Te doy estas instrucciones para que disfrutes de una larga vida en la tierra que el Señor tu Dios te da para siempre. *Deuteronomio 4:40*

En lo profundo del corazón, ustedes saben que cada promesa del Señor su Dios se ha cumplido. ¡Ni una sola ha fallado!   *Josué 23:14*

Él sabe a dónde yo voy; y cuando me ponga a prueba, saldré tan puro como el oro.   *Job 23:10*

Felices son los que obedecen sus leyes y lo buscan con todo el corazón.   *Salmo 119:2*

Tus mandamientos me dan entendimiento; ¡con razón detesto cada camino falso de la vida!   *Salmo 119:104*

No permitas que me deslice hacia el mal ni que me involucre en actos perversos. No me dejes participar de los manjares de quienes hacen lo malo.   *Salmo 141:4*

Las ganancias de los justos realzan sus vidas, pero la gente malvada derrocha su dinero en el pecado.   *Proverbios 10:16*

Esto dice el Señor, tu Redentor, el Santo de Israel: Yo soy el Señor tu Dios, que te enseña lo que te conviene y te guía por las sendas que debes seguir.   *Isaías 48:17*

Dejen que el Espíritu Santo los guíe en la vida. Entonces no se dejarán llevar por los impulsos de la naturaleza pecaminosa.   *Gálatas 5:16*

Las tentaciones que enfrentan en su vida no son distintas de las que otros atraviesan. Y Dios es fiel; no permitirá que la tentación sea mayor de lo que puedan soportar. Cuando sean tentados, él les mostrará una salida, para que puedan resistir.   *1 Corintios 10:13*

Cuando sean tentados, acuérdense de no decir: Dios me está tentando. Dios nunca es tentado a hacer el mal y jamás tienta a nadie. La tentación viene de nuestros propios deseos, los cuales nos seducen y nos arrastran.   *Santiago 1:13, 14*

Valor

¡No tengas miedo! —le dijo Eliseo. ¡Hay más de nuestro lado que del lado de ellos!   *2 Reyes 6:16*

Espera con paciencia al Señor; sé valiente y esforzado; sí, espera al Señor con paciencia. *Salmo 27:14*

¡Sean fuertes y valientes, ustedes los que ponen su esperanza en el Señor! *Salmo 31:24*

Confía en el Señor y haz el bien; entonces vivirás seguro en la tierra y prosperarás. *Salmo 37:3*

El Señor ama la justicia y nunca abandonará a los justos. Los mantendrá a salvo para siempre, pero los hijos de los perversos morirán. *Salmo 37:28*

Él da poder a los indefensos y fortaleza a los débiles. *Isaías 40:29*

Oh Jacob, escucha al Señor, quien te creó. Oh Israel, el que te formó dice: No tengas miedo, porque he pagado tu rescate; te he llamado por tu nombre; eres mío. *Isaías 43:1*

Sé vivir con casi nada o con todo lo necesario. He aprendido el secreto de vivir en cualquier situación, sea con el estómago lleno o vacío, con mucho o con poco. Pues todo lo puedo hacer por medio de Cristo, quien me da las fuerzas. *Filipenses 4:12, 13*

Vergüenza

No oculté en mi corazón las buenas noticias acerca de tu justicia; hablé de tu fidelidad y de tu poder salvador. A todos les conté de tu fidelidad y tu amor inagotable. *Salmo 40:10*

No tendré vergüenza cuando respete tus mandatos. *Salmo 119:6*

Que sea intachable en guardar tus decretos; entonces nunca seré avergonzado. *Salmo 119:80*

Mostraré cuán santo es mi gran nombre. Cuando revele mi santidad por medio de ustedes ante los ojos de las naciones, dice el Señor Soberano, entonces ellas sabrán que yo soy el Señor. *Ezequiel 36:23*

A todo el que me reconozca en público aquí en la tierra, el Hijo del Hombre también lo reconocerá en presencia de los ángeles de Dios.
Lucas 12:8

De la misma manera, hay alegría en presencia de los ángeles de Dios cuando un solo pecador se arrepiente.   *Lucas 15:10*

El amor que tengan unos por otros será la prueba ante el mundo de que son mis discípulos.   *Juan 13:35*

A ustedes yo les enviaré al Abogado Defensor, el Espíritu de verdad. Él vendrá del Padre y dará testimonio acerca de mí, y también ustedes deben dar testimonio de mí porque han estado conmigo desde el principio de mi ministerio.   *Juan 15:26, 27*

Si alguien sufre la muerte eterna, no será mi culpa, porque no me eché para atrás a la hora de declarar todo lo que Dios quiere que ustedes sepan.   *Hechos 20:26, 27*

No me avergüenzo de la Buena Noticia acerca de Cristo, porque es poder de Dios en acción para salvar a todos los que creen, a los judíos primero y también a los gentiles.   *Romanos 1:16*

Esa esperanza no acabará en desilusión. Pues sabemos con cuánta ternura nos ama Dios, porque nos ha dado el Espíritu Santo para llenar nuestro corazón con su amor.   *Romanos 5:5*

Dios se lo advirtió en las Escrituras cuando dijo: Pongo en Jerusalén una piedra que hace tropezar a muchos, una roca que los hace caer. Pero todo el que confíe en él jamás será avergonzado.   *Romanos 9:33*

Como nos dicen las Escrituras: Todo el que confíe en él jamás será avergonzado.   *Romanos 10:11*

¿Y cómo irá alguien a contarles sin ser enviado? Por eso, las Escrituras dicen: ¡Qué hermosos son los pies de los mensajeros que traen buenas noticias!   *Romanos 10:15*

Estoy sufriendo aquí, en prisión; pero no me avergüenzo de ello, porque yo sé en quién he puesto mi confianza y estoy seguro de que él es capaz de guardar lo que le he confiado hasta el día de su regreso.
2 Timoteo 1:12

Esfuérzate para poder presentarte delante de Dios y recibir su aprobación. Sé un buen obrero, alguien que no tiene de qué avergonzarse y que explica correctamente la palabra de verdad.
2 Timoteo 2:15

Aun si sufren por hacer lo correcto, Dios va a recompensarlos. Así que no se preocupen ni tengan miedo a las amenazas. En cambio, adoren a Cristo como el Señor de su vida. Si alguien les pregunta acerca de la esperanza que tienen como creyentes, estén siempre preparados para dar una explicación; pero háganlo con humildad y respeto. Mantengan siempre limpia la conciencia. Entonces, si la gente habla en contra de ustedes será avergonzada al ver la vida recta que llevan porque pertenecen a Cristo. *1 Pedro 3:14-16*

Vida Eterna

Sé que mi Redentor vive, y un día por fin estará sobre la tierra. Y después que mi cuerpo se haya descompuesto, ¡todavía en mi cuerpo veré a Dios! Yo mismo lo veré; así es, lo veré con mis propios ojos. ¡Este pensamiento me llena de asombro! *Job 19:25-27*

Soy recto, te veré; cuando despierte, te veré cara a cara y quedaré satisfecho. *Salmo 17:15*

Los que mueren en el Señor vivirán; ¡sus cuerpos se levantarán otra vez! Los que duermen en la tierra se levantarán y cantarán de alegría. Pues tu luz que da vida descenderá como el rocío sobre tu pueblo, en el lugar de los muertos. *Isaías 26:19*

En el mundo que vendrá, los que sean dignos de ser levantados de los muertos no se casarán, ni se darán en casamiento, ni volverán a morir. En este sentido, serán como ángeles. Ellos son hijos de Dios e hijos de la resurrección. *Lucas 20:35, 36*

Dios amó tanto al mundo que dio a su único Hijo, para que todo el que crea en él no se pierda, sino que tenga vida eterna. *Juan 3:16*

Ciertamente, ya se acerca el tiempo en que todos los que están en las tumbas oirán la voz del Hijo de Dios y resucitarán. Los que hicieron el bien resucitarán para gozar de la vida eterna, y los que continuaron en su maldad resucitarán para sufrir el juicio. *Juan 5:28, 29*

La voluntad de Dios es que yo no pierda ni a uno solo de todos los que él me dio, sino que los resucite, en el día final. Pues la voluntad de mi Padre es que todos los que vean a su Hijo y crean en él tengan vida eterna; y yo los resucitaré en el día final. *Juan 6:39, 40*

Les digo la verdad, todo el que cree, tiene vida eterna. *Juan 6:47*

Mis ovejas escuchan mi voz; yo las conozco, y ellas me siguen. Les doy vida eterna, y nunca perecerán. Nadie puede quitármelas.
Juan 10:27, 28

Jesús le dijo: Yo soy la resurrección y la vida. El que cree en mí vivirá aun después de haber muerto. Todo el que vive en mí y cree en mí jamás morirá. ¿Lo crees? *Juan 11:25, 26*

En el hogar de mi Padre, hay lugar más que suficiente. Si no fuera así, ¿acaso les habría dicho que voy a prepararles un lugar? Cuando todo esté listo, volveré para llevarlos, para que siempre estén conmigo donde yo estoy. *Juan 14:2, 3*

La paga que deja el pecado es la muerte, pero el regalo que Dios da es la vida eterna por medio de Cristo Jesús nuestro Señor.
Romanos 6:23

El Espíritu de Dios, quien levantó a Jesús de los muertos, vive en ustedes; y así como Dios levantó a Cristo Jesús de los muertos, él dará vida a sus cuerpos mortales mediante el mismo Espíritu, quien vive en ustedes. *Romanos 8:11*

Cuando morimos, nuestros cuerpos terrenales son plantados en la tierra, pero serán resucitados para que vivan por siempre. Nuestros cuerpos son enterrados en deshonra, pero serán resucitados en gloria. Son enterrados en debilidad, pero serán resucitados en fuerza. Son enterrados como cuerpos humanos naturales, pero serán resucitados como cuerpos espirituales. Pues, así como hay cuerpos naturales, también hay cuerpos espirituales. *1 Corintios 15:42-44*

Permítanme revelarles un secreto maravilloso. ¡No todos moriremos, pero todos seremos transformados! Sucederá en un instante, en un abrir y cerrar de ojos, cuando se toque la trompeta final. Pues, cuando suene la trompeta, los que hayan muerto resucitarán para vivir por siempre. Y nosotros, los que estemos vivos, también seremos transformados. *1 Corintios 15:51, 52*

Sabemos que Dios, quien resucitó al Señor Jesús, también nos resucitará a nosotros con Jesús y nos presentará ante sí mismo junto con ustedes. *2 Corintios 4:14*

Sabemos que, cuando muramos y dejemos este cuerpo terrenal, tendremos una casa en el cielo, un cuerpo eterno hecho para nosotros por Dios mismo y no por manos humanas. *2 Corintios 5:1*

Los que viven solo para satisfacer los deseos de su propia naturaleza pecaminosa cosecharán, de esa naturaleza, destrucción y muerte; pero los que viven para agradar al Espíritu, del Espíritu, cosecharán vida eterna. *Gálatas 6:8*

Él tomará nuestro débil cuerpo mortal y lo transformará en un cuerpo glorioso, igual al de él. Lo hará valiéndose del mismo poder con el que pondrá todas las cosas bajo su dominio. *Filipenses 3:21*

El Señor mismo descenderá del cielo con un grito de mando, con voz de arcángel y con el llamado de trompeta de Dios. Primero, los creyentes que hayan muerto se levantarán de sus tumbas.
1 Tesalonicenses 4:16

Todo esto él nos lo ha hecho evidente mediante la venida de Cristo Jesús, nuestro Salvador. Destruyó el poder de la muerte e iluminó el camino a la vida y a la inmortalidad por medio de la Buena Noticia.
2 Timoteo 1:10

En esta comunión disfrutamos de la vida eterna que él nos prometió.
1 Juan 2:25

Este es el testimonio que Dios ha dado: él nos dio vida eterna, y esa vida está en su Hijo. *1 Juan 5:11*

Les he escrito estas cosas a ustedes, que creen en el nombre del Hijo de Dios, para que sepan que tienen vida eterna. *1 Juan 5:13*

Por eso están delante del trono de Dios y le sirven día y noche en su templo. Y aquel que está sentado en el trono les dará refugio. Nunca más tendrán hambre ni sed; nunca más les quemará el calor del sol. Pues el Cordero que está en el trono será su Pastor. Él los guiará a manantiales del agua que da vida. Y Dios les secará cada lágrima de sus ojos. *Apocalipsis 7:15-17*

Él les secará toda lágrima de los ojos, y no habrá más muerte ni tristeza ni llanto ni dolor. Todas esas cosas ya no existirán más.
Apocalipsis 21:4

Estimado Lector

Nos interesan mucho tus comentarios y opiniones sobre esta obra. Por favor ayúdanos comentando sobre este libro. Puedes hacerlo dejando una reseña en la tienda donde lo has adquirido.

Puedes también escribirnos por correo electrónico a la siguiente dirección: info@editorialimagen.com

Si deseas más libros como éste puedes visitar el sitio de **Editorialimagen.com** para ver los nuevos títulos disponibles y aprovechar los descuentos y precios especiales que publicamos cada semana.

Allí mismo puedes contactarnos directamente si tienes dudas, preguntas o cualquier sugerencia. ¡Esperamos saber de ti!

Más libros de la Autora

Ángeles en la Tierra - Historias reales de personas que han tenido experiencias sobrenaturales con un ángel

Este libro no es un estudio bíblico exhaustivo de los ángeles según la Biblia. Los ángeles son tan reales y la mayoría de las personas han tenido por lo menos una experiencia sobrenatural o inexplicable. En este libro de ángeles comparto mi experiencia, como así también la de muchas otras personas. Serás bendecido al leer esta compilación de vivencias con un ángel.

El Poder Espiritual de las Siete Fiestas de Dios - Descubre la relevancia que estas celebraciones tienen para el cristiano y los eventos futuros.

La perspectiva espiritual se agudiza llevándonos a comprender que los designios de Dios, muchas veces, son más complejos que lo que aparentan ser a primera vista. Esto es lo que podemos ver en las fiestas que Él dio al pueblo de Israel en el tiempo de Moisés. Cada una de las fiestas tiene un significado y un propósito más allá de ser una simple celebración.

El Ayuno – Una Cita con Dios

¿Por qué ayunar? Descubre lo que dice la Biblia sobre el ayuno y todos los beneficios que trae realizar un ayuno escogido por Dios.

Si estás buscando una unción especial para tu ministerio, tal vez el ayuno es la respuesta que necesitas.

También se describen los beneficios físicos, las diferentes maneras de ayunar, la motivación, cómo romper un ayuno y otra información práctica.

Conociendo más a la Persona del Espíritu Santo - Este libro sobre la Persona del Espíritu Santo es el relato de un viaje personal.

Después de muchos años de ser creyentes el Señor puso una inquietud en mi vida y la de mi esposo – la inquietud por buscar la llenura del Espíritu Santo. Fue un 'viaje' donde aprendimos mucho y en estas páginas comparto esa aventura espiritual. En mis lecturas diarias de la Palabra anotaba todo lo referente al Espíritu Santo y de allí los datos que se encuentran en la primera parte.

Perlas de Sabiduría – Un devocional - 60 días descubriendo verdades en la Palabra de Dios

Una perla que se produce en el mar tiene un valor muy alto. Ha comenzado por ser un diminuto grano de arena para luego convertirse en algo muy bello que muchos buscan y codician.

Más libros de Interés

Dios está en Control - Descubre cómo librarte de tus temores y disfrutar la paz de Dios

En este libro, el pastor Jorge Lozano, quien nació en México y vive en Argentina desde hace más de 20 años, nos enseña cómo librarnos de los temores para que podamos experimentar la paz de Dios.

La Ley Dietética - La clave de Dios para la salud y la felicidad

Es hora de que rompamos la miserable barrera nutricional y empecemos a disfrutar de la buena salud y el bienestar que Dios quiere que tengamos. Al leer este libro descubrirás los fundamentos para edificar un cuerpo fuerte y sano que dure mucho tiempo, para que disfrutes la vida y para que sirvas al Señor y a su pueblo por muchos años.

Gracia para Vivir - Descubre cómo vivir la vida cristiana y ser parte de los planes de Dios

Martin Field, nos comparte en este libro sobre la gracia que proviene de Dios. La misma gracia que trae salvación también nos enseña cómo vivir mientras esperamos la venida de Jesús.

Sanidad para el Alma Herida - Como sanar las heridas del corazón y confrontar los traumas para obtener verdadera libertad espiritual

Este es un libro teórico y práctico sobre sanidad interior.

Vida Cristiana Victoriosa - Fortalece tu fe para caminar más cerca de Dios

En este libro descubrirás cómo vivir la vida victoriosa, Cómo ser amigo de Dios y ganarse Su favor, Lo que hace la diferencia, Cómo te ve Dios, Cómo ser un guerrero de Dios, La grandeza de nuestro Dios, La verdadera adoración, Cómo vencer la tentación y Por qué Dios permite el sufrimiento, entre muchos otros temas.

Cómo hablar con Dios – Aprendiendo a orar paso a paso

A veces complicamos algo que nuestro Señor quiere que sea sencillo, es por esto que en este libro podrás encontrar detalladamente las respuestas a las preguntas:

- ¿Cómo debo orar?
- ¿Qué me garantiza que Dios me va a responder?
- ¿Qué palabras debo usar?

Dios Contigo - Tu Padre quiere hablarte y tiene un mensaje para ti

Varios autores se han reunido para darle forma a este libro, cuya intención es acercarte más al corazón de Dios.

30 días con Dios - Lecturas diarias que te fortalecerán y te acercarán al Padre

Lo que leerás a continuación es un devocional que hemos preparado con algunas de las reflexiones que ya hemos enviado por correo electrónico a miles de personas alrededor del mundo desde al año 2004

Cerca de Jesús - Acércate a la cruz y serás cambiado para siempre

En este libro, el pastor Jorge Lozano, quien nació en México y vive en Argentina desde hace más de 20 años, nos enseña cómo acercarnos más a la persona de Jesús para experimentar Su abrazo y ser cambiados para siempre.

Espíritu Santo, ¡Sopla En Mí! - Aprendiendo los secretos para un vida de poder espiritual

¿Realmente queremos vivir una experiencia que revolucione nuestro presente, que haga la diferencia entre la muerte y la vida espiritual? De eso trata este libro. Te guiará a conocer al Espíritu Santo como persona. También aprenderás que es posible vivir una vida llena de su presencia.

www.ingramcontent.com/pod-product-compliance
Lightning Source LLC
Chambersburg PA
CBHW052050070526
44584CB00017B/2120